문신의 역사

차례
Contents

문신에 관한 몇 가지 의문

　'문신(文身, Tattoo)'이라는 말을 들을 때 우리의 뇌리에 먼저 떠오르는 것은 어떤 부정적인 이미지들이다. 그리고 이 이미지들은 얼른 '혐오'라는 또 다른 말로 수렴된다. 왜 우리는 '문신은 혐오스럽다'와 같은 자동기술적인 표현을 하게 되었을까? 문신은 먼저 우리에게 이런 질문을 던진다.

　물론 이런 질문에는 다들 짐작하겠지만 문신은 '조폭들'이 하는 것이기 때문이라는 간단한 인식과 답변이 준비되어 있다. 한국영화 「조폭마누라」의 여주인공이 보여 준 문신이 그 나신을 통해 우리의 혐오감을 미감으로 유인하고 있음에도 불구하고 여전히 우리는 텔레비전 뉴스 화면을 가끔씩 장식하는 조폭들의 '등짝'에 새겨진 각양각색의 문신들로 인해 문신에 대한 혐오의 언어 속에 갇혀 있다. 그러나 문신에 대한 우리의 혐오감에는 더 오래된 기원이 있다.

문신과 관련된 또 하나의 부정적 형용사는 '미개한'이다. 이 말은 '혐오스러운'이라는 말과 어울려 우리에게 문신에 관한 특정한 이미지를 제공한다. 문신이 원시부족들에게 광범위하게 존재했던 것은 사실이므로 원시를 미개함과 동일시하는 통념에 기댄다면 그렇게 말할 수 있을지도 모른다. 그러나 우리는 그 통념이 근대적 편견이라는 것을 레비-스트로스에게 배운 바 있다. 문신은 미개성의 발현이 아니라 특정한 문화의 표현이다. 그렇다면 문신은 어떤 문화의 표현인가?

문신에 대한 또 다른 의문은 '왜 문신을 하지?'라는 것이다. 문신은 귀고리를 하기 위해 귓불을 뚫을 때와 같은 신체적 고통을 수반하는 행위다. 귓불을 뚫는 것이야 순간이지만 전신 문신에는 며칠 혹은 몇 달의 고통스러운 시간이 기다리고 있다. 왜 고통스러운 신체적 가해행위가 어떤 사람들에게는 추구해야 할 이상이고 탐닉의 대상이 되는가? 프로이트주의자들의 말대로 진정 문신자들은 다들 얼마쯤 마조히스트고 사디스트란 말인가? 문신자들이 고통을 대가로 얻는 것은 무엇인가? 의문이 의문의 꼬리를 물고 일어난다.

문신에 관한 이런 의문들은 사실 문신에만 한정된 것은 아니다. 이를테면 최근 한국의 새로운 세대들 사이에 유행하고 있는 피어싱(piercing)이나 바디 페인팅(body painting)도 그런 것들이다. 그들은 코를 꿰고 입술을 꿰고 또 다른 특정 신체 부위들을 꿰는 방식으로 무엇인가를 표현하려고 한다. 경기장에서 흔히 볼 수 있듯이 그들은 특정한 색상이나 도형을 몸에 그리는 방식으로 무엇인가를 말하려고 한다. 이런 피어싱이나 바디 페인팅은 문신과 마찬가지로 역사적으로 존재했던 다양한 신체장식 방법의 하나일지도 모른다. 그렇다면 신체장식술의 하나인 문신에 대한 우리의 관심과 질문은 단지 문신만을 말하기 위한 것은 아닐 것이다. 거기에는 문화의 근원에 대한 질문이 함께 숨어있다.

문신에 대한 우리의 의문은 여기서 그치지 않는다. 우리에게는 문신의 습속이 없었는가 하는 것도 그런 의문의 하나다. 특정범죄집단들이 하는 문신 이전에 우리 문화사를 포함한 동아시아지역의 문화사에 문신 민속은 없었는가 하는 것이다. 물론 문신에 대한 혐오감은 우리에게 문신 부재를 상상하게 만든다. 미개인들이나 하는 문신을 소위 동방예의지국의 백성들인 우리의 조상들이 하고 있었다면? 이런 가정은 끔찍한 일이다. 그러나 '불행하게도' 문신은 오래전에 잊혀진 우리의 문화였다. 박물관에도 없는. 그렇다면 우리는 어떤 문신 부족이었는가?

우리가 문신에 대해 조금이라도 관심을 가진다면 우리의 질문은 그 밖에도 적지 않을 것이다. 문신은 언제부터 있었는가? 문신은 인류사의 보편적인 현상인가, 아니면 특정 문화권의 현상인가? 문신은 언제 어떻게 하는가? 문신은 누가 했는가, 다시 말해 문신은 남성의 것인가 아니면 여성의 것인가? 문신은 사회적으로 어떤 기능을 수행했는가? 일본에서는 문신 예술이 발달했는데 왜 우리는 그렇지 않은가? 왜 근래 한국사회에서 문신이 새로운 문화 코드로 떠오르고 있는가? 질문은 사정없이 솟구쳐 나오지만 답을 얻기란 간단치 않다. 왜냐하면 우리는 문신에 대해 아는 것이 많지 않기 때문이다. 문신에 대한 혐오가 우리를 문신에 관한 맹인으로 만들었기 때문이다.

근래 문신이 병역기피의 수단으로 이용되면서 다시 문신이 한국사회의 관심사로 떠올랐다. 하지만 그 관심 속에 있었던 것은 병역회피에 대한 비난의 말과 문신에 대한 혐오의 표정이었지 문신 자체에 대한 관심은 아니었던 것 같다. 그것은 아마도 우리의 문신에 대한 이해의 문제와 무관치 않을 것이다. 문신에 대한 무지는 문신에 대한 혐오와 기피를 낳을 수밖에 없고 문신이 병역기피처럼 '기피'의 감정이나 제도와 연관되어 있는 한 그것은 여전히 오해의 단단한 벽 속에 갇혀 있을 수밖에 없다.

문신에 대한 오해와 편견에서 벗어나 이해에 이르는 길은 우리가 지닌 편견과 오해의 돌멩이를 내려놓고 대상의 근원을 성찰해보는 것이다. 그리고 성찰에 역사만큼 좋은 도구는 없다. 문신이란 대체 무엇인가? 당신이 정말 궁금하다면 문신의 문화사를 하나씩 탐사해 가면서 문신을 했던 사람들과 그들의 문화를 만나 대화를 나눠보아야 한다. 아마도 그 대화는 그들을 이해하고 동시에 나를 이해하는 길을 열어줄 것이다.

필자는 이제 문신을 통해 지금 여기 있는 우리를 이해하는 하나의 오솔길을 닦는 마음으로 문신의 역사라는 저 어두운 동굴 속으로 들어가 보려고 한다.

오래된 문신의 흔적들

1991년 10월, 활과 화살 그리고 청동 도끼를 소지한 한 사냥꾼이 냉동된 채로 오스트리아와 이탈리아 사이에 있는 오짤(Otzal) 알프스 산에서 발견되었다. 이 사냥꾼은 기원전 3,300년경에 죽은 것으로 추측되고 있다. 사냥꾼의 몸에는 모두 58개의 문신이 새겨져 있었는데, 그것은 모두 점이나 선의 형태를 지닌 단순한 무늬들이었다. 이 알프스 냉동 사냥꾼의 문신은 지금까지 발견된 문신에 관한 증거 자료 중 가장 오래된 것으로 생각된다. 사냥중 동사한 것으로 보이는 이 청동기시대의 무명 사냥꾼은 5천여 년 전 외롭게 죽어갔겠지만 우리에게 문신이 아주 오랜 역사를 가지고 있음을 침묵 속에서 말하고 있다.

5천여 년 전에 냉동된
미라의 문신 흔적.

우리들에게 비교적 잘 알려진 고대 문신의 흔적은 이집트 미라들의 마른 피부 위에 남아 있는 것이다. 이집트 학자들은 3왕조와 4왕조 시대(2686~2493B.C.)에 문신이 이집트의 중요한 관습이었다고 보고 있다. 이집트에서 문신을 한 미라는 여러 지역에서 발견되었는데 그 가운데 가장 잘 보존된 것은 11왕조 시기(2160~1994 B.C.) 테베의 여신 하토르(Hathor)의 여사제였던 '아무네트(Amunet)'의 미라이다. 이 미라의 팔과 넓적다리에는 평행선의 무늬들이 새겨져 있다. 특히 배꼽 아래쪽에 새겨진 타원형 문양들이 눈길을 끈다. 이 문양과 유사한 것이 아무네트와 함께 발견된 조상(彫像)들인데, 이집트 학자들이 '죽음의 신부(A bride of the dead)'라고 부르는 이 작은 조상들의 배꼽 아래쪽에도 유사한 문신이 있다. 풍요와 재생의 상징물로 알려진 이 조상들에는 기하학적 문신이 아로새겨져 있다.

근동과 유럽 지역의 문신 흔적을 일별했으니 이제 시선을 좀더 동쪽으로 옮겨 문신 여행을 계속해 보자.

제2차세계대전 직후 고

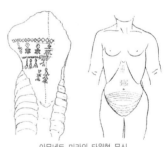

아무네트 미라의 타원형 문신.

고학자들은 남부 시베리아의 알타이 산맥에서 아주 잘 보존된 스키타이 족장의 미라를 발견했다. 스키타이는 기원전 6세기에서 기원전 3세기 무렵까지 남부 러시아 지역에서 활약한 유목민족이었는데 이들의 문화

'죽음의 신부'의 조각에
남겨진 문신 흔적.

는 여러 유목민족들에게 영향을 주었으며 중국, 한국 그리고 일본 문화에도 적지 않은 영향을 끼친 것으로 알려져 있다. 그런데 이 스키타이 족장의 미라가 흥미로운 것은 몸에 아주 잘 보존된 문신을 지니고 있었다는 것이다. 족장의 몸에는 서로 다른 토템 동물들을 표현한 문신이 새겨져 있었는데, 그것은 스키타이인들의 나무 조각물들이나 장신구 그리고 자수나 직물 등에서 발견되는 문양과 같은 종류의 것이었다. 이들은 나무와 장신구에 토템 동물들의 문양을 새기듯이 몸에도 그런 문양을 새겼던 셈이다.

스키타이 미라와 함께 고고학적 유물로 중앙아시아지역에서 주목되는 것이 파지리크(Pazyryk) 무덤군이다. 1948년 러시아 인류학자 세르게이 이바노비치 루덴코가 중국과 러시아 국경 북쪽 약 120마일 지점에서 일련의 무덤군을 발견했다. 이 무덤들은 기원전 6세기에서 2세기에 걸쳐 동유럽과 서아시아 스텝 지역에 거주했던 철기시대 유목민 파지리크족의 전사들

의 무덤이었는데, 여기서도 문신을 한 족장의 잘 보존된 미라
가 나왔다. 특히 이 족장의 온몸에는 동물들이 서로 연결된 형
태로 문신이 새겨져 있었는데, 가슴에는 그리스 신화의 독수
리 머리와 날개에 사자의 몸을 지닌 그리핀과 유사한 동물이,
오른쪽 팔에는 당나귀와 산양과 사슴 두 마리, 오른쪽 다리에
는 큰 물고기와 양 네 마리, 그리고 괴수(怪獸) 한 마리, 이런
식으로 무수한 동물들이 등장한다. 1993년 여름, 시베리아 우
모크(Umok) 고원에서 또 다른 파지리크족의 미라가 발견되었
는데 이전에 발견된 미라와 유사한 신화적 동물들의 문신이
새겨져 있었다. 다른 점이 있다면 우모크의 미라는 여성이라
는 것뿐이었다.

　이제 아시아 대륙에서 태평양을 건너 남북 아메리카 대륙

◀ 파지리크 추장의 팔에
새겨진 괴물 문양의
문신.

◀ 파지리크 추장의 오
른쪽 다리에 새겨진
물고기 등의 문신.

10 문신의 역사

으로 가보기로 하자. 앞에서 살펴본 문신의 흔적들이 주로 고고학적 자료들 속에 있었다면 아메리카 대륙의 흔적들은 문화인류학적 자료들 안에 있다. 이 말은 현지에서 직접 살아 있는 문신을 본 사람들의 기록들 속에 아메리카 대륙의 문신 흔적이 남아 있다는 뜻이다.

이른바 신대륙의 발견 이후, 아니 정확하게 말하면 유럽인의 침략 이후 들어온 예수회 선교사 가운데 1653년 캐나다 동부 지역에 있던 프랑소아 브레사니의 보고에 따르면 그 지역에 사는 원주민들은 바늘이나 가시 혹은 송곳 등을 이용하여 독수리나 뱀 그리고 용과 같은 동물이나 괴물들을 얼굴·목·가슴 그리고 다른 신체 부위에 새겼다. 그는 이 지역의 여러 원주민들 사이에 문신의 관습이 널리 퍼져 있었기 때문에 문신을 하지 않은 사람을 발견하기란 불가능하다고 말하고 있다. 이는 후일 인디언이라고 불리는 이 지역 원주민들 사이에서 문신이 보편적인 습속이었다

각종 동물을 몸에 새긴 북미 인디언의 문신.

는 사실을 말해 준다.

문신에 관한 한 사정은 남미에서도 다르지 않았던 것으로 보인다. 우리가 잘 아는 악명 높은 정복자 코르테즈가 1519년 멕시코 해안에 도착했을 때 처음 발견한 것은 문신을 한 사람들이었다. 이 스페인 사내들은 이전에 문신에 대해 한 번도 들어본 적이 없었기 때문에 그것을 사탄이 한 짓으로 인식했다고 한다. 아마도 그들의 살육은 이런 맥락에서 가능했는지도 모르겠다. 그 후 예수회 선교사 자비에르는 이런 기록을 남기고 있다. "그들은 그들의 우상을 제메(zeme)라고 불렀고 우상의 이미지를 자신들의 몸에 새겼다." 역사가 디에고 로페즈는 전사들이 전

아즈텍의 신 케찰코아틀의 석상에 남아 있는 문신 흔적.

쟁에서의 승리를 기념하기 위해 문신을 했는데, 그래서 늙은 영웅들의 몸은 상형문자로 완전히 뒤덮였다고 보고하고 있다. 우리가 이런 단편적인 보고를 통해서 알 수 있는 사실은 남아메리카 지역의 원주민들 역시 문신 습속 안에 살고 있었다는 점이다.

오래전에 본 뉴질랜드 영화 가운데 「전사의 후예」라는 작품이 있다. 백인중심사회에서 소수화된 원주민 마오리족의 삶을 다룬 영화인데 거기 등장하는 마오리족 청년의 문신에서 강렬한 인상을 받은 기억이 있다. 이 마오리족을 포함하여 태평양의 많은 섬들에서도 문신은 보편적이었다. 근래까지도 이어지고 있는 이들의 문신 습속이 오래된 문신의 흔적을 찾는 우리의 여행에서 의미 있는 것은 이들 가운데 상당수가 거의 20세기까지도 석기시대의 삶을 살고 있었기 때문이다. 말하자면 이들은 살아있는 고고학적 증거들인 것이다.

마오리 문신은 특히 머커(Moko)로 불리는데 노예와 평민을 제외한 모든 남성들이 얼굴과 신체의 다른 부분에 문신을 가지고 있었다. 마오리족의 문신 가운데 특히 주목되는 것은 얼굴 문신인데 품위 있게 문신을 한

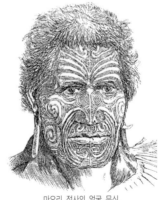

마오리 전사의 얼굴 문신.

13

얼굴은 마오리 전사들에게는 자부심의 원천이었다. 얼굴 문신은 전투에서 그들을 용감하게 만들었고 여성들에게는 매력의 대상으로 인식되었다고 한다. 마오리 여성들의 문신은 남성들에 비해 간단했던 것으로 보인다. 여성들의 문신은 남성들처럼 정교하지 않았고 입술의 라인을 그리거나 턱 혹은 뺨이나 이마 등에 약간의 선 혹은 나선형을 그리는 정도였다.

유럽의 배들이 사모아에 도착했을 때도 유럽인들이 처음 발견한 것은 사모아인들의 문신한 신체였다. 1768년 프랑스 원정대의 일원이었던 장 프랑소와 페로즈는 원주민 남자들이 넓적다리에 문신을 하고 있었는데 거의 옷을 입지 않고 있었음에도 불구하고 마치 옷을 입을 것처럼 보였다는 이야기를 남기고 있다. 뉴질랜드 마오리족의 얼굴 문신만큼 사모아인들의 다리 문신은 특징적이다. 남성들은 짙은 청색 계통의 문신을 바디 페인팅을 하듯이 했다. 그림에서 보듯이 여성 역시 남성들과 마

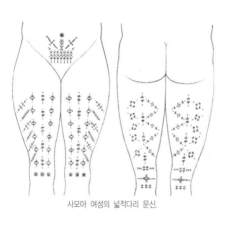

찬가지로 넓적다리에 문신을 했는데 그 형태는 전체를 짙게 칠하는 남성들의 문신과는 사뭇 다른 모습을 보여 준다.

고고학자들에 따르면 20세기까

사모아 여성의 넓적다리 문신.

지도 석기시대의 삶을 살고 있었다는 보르네오의 원주민들 역시 문신 습속을 가지고 있었고 그들과 유사한 삶의 형식을 지니고 있었던 자바, 발리, 폴리네시아 등의 태평양 대부분의 섬들에서도 우리는 뉴질랜드나 사모아의 문신 습속과 유사한 문화 현상을 쉽게 만날 수 있다. 문신은 태평양 지역의 여러 섬들이 지닌 보편적인 습속으로 보아도 좋을 것이다.

인류의 발상지로 알려져 있는 대륙, 아프리카로 가도 문신을 만날 수 있다. 일찍이 아프리카에 들어갔던 상인들이나 선교사들의 전언에 따르면 아프리카 대부분 지역에서 문신이 행해지고 있었다. 그런데 아프리카에서 문신은 문신의 기술을 이야기하면서 다시 언급하겠지만 칼로 베거나 가성(苛性) 즙으로 염증을 만들어 흉터를 만드는 방식의 문신, 이른바 흉터 문신이 일반적이었다. 그것은 피부가 검다는 그들의 조건 때문이었을 것이다.

이제 다소 지루한 이 문신 순례를 마무리 짓기 위해 지역적으로나 문화적으로 우리와 가까운 곳으로 돌아와 보기로 한다.

먼저 문신에 관한 한 세계적인 명성을 얻고 있는 일본으로 가 보자. 일본의 문신은 근대 이후 한국의 문신과도 무관치 않기 때문에 우리의 특별한 관심의 대상이 되지 않을 수 없는데 일본에서 발견된 최초의 문신 흔적은 기원전 5000년쯤 된 무덤에서 발견된 진흙 소상에 남아 있다. 이른바 조몽시대의 이 소상들은 얼굴에 선이나 점선 형태의 문신 흔적이 있다.

조몽시대 중기에서 말기
까지의 소상에 남아 있는
문신 흔적.

그러나 일본의 문신에 관한 좀더 분명한 증거는 고고학적
자료가 아닌 중국 역사서 등의 문헌 자료 속에 있다. 3세기에
기록된 『삼국지(三國志)』는 다음과 같이 말한다.

이곳에서는 남자는 어른이나 아이를 가릴 것 없이 모두
얼굴에 먹물로 글자를 넣고 또 몸뚱이에도 바늘로 먹물을
넣어서 글자나 그림을 만든다.⋯⋯지금 왜인이 물 속에 들
어가 물고기와 전복·조개를 잘 잡고 몸뚱이에 그림을 넣는
것 역시 큰 물고기나 물새를 피하기 위한 것이다. 그러던 것
이 뒤에 와서는 차츰 장식으로 이 방법을 쓰게 되었다. 나라
마다 문신하는 기법은 다 달랐다. 좌편에 그림을 넣기도 하
고 혹은 우편에 글씨를 넣기도 한다. 그 크고 작은 것도 다

각각이다. 그러나 이들은 이 문신의 위치·대소를 가지고 사람의 높고 낮은 것을 구별한다.(『삼국지(三國志)』, 「동이전 (東夷傳)」, 왜인(倭人))

여기서 중국 진(晉)나라의 역사가 진수(陳壽)가 동이족의 일부로 다루고 있는 '왜인'은 단지 오늘날의 일본인만을 지칭하는 것은 아니다. 아마도 이는 일본 열도에서 류큐 열도를 거쳐 타이완까지 이어지는 섬들에 거주하는 좀 덩치가 작은 사람들에 대한 총칭일 것이다.

그런데 이 기록에 따르면 지역마다 기법은 다르지만 문신은 이 지역 왜인들의 일반적인 관습이었다. 남녀노소 모두 얼굴과 신체의 각 부분에 글자나 그림의 형태로 문신을 했다는 것이다. 이것이 3세기의 기록이니 왜인에 속하는 일본인의 문신 습속은 꽤나 오래된 것인 셈이다. 고고학적 자료를 염두에 둔다면 기원전 5000년 전의 석기시대로 소급될 수도 있을 것이다.

고가네이 요시키오와 쓰보이 쇼우고로우가 1888년에 홋카이도에서 조사한 바에 따르면 그 지역의 아이누인들은 팔이나 손등, 입 주위 등에 문신을 하고 있었다고 한다. 이들은 대개 어릴 때부터 문신을 시작했는데, 문신을 하지 않으면 죽은 후 조상들이 자신들을 인도하지 않는다는 믿음을 가지고 있었다고 조사자들은 보고하고 있다. 그림에서 보는 것과 같은 전통적인 문신이 근대 이전까지 아이누 사회에 남아 있었던 것이다.

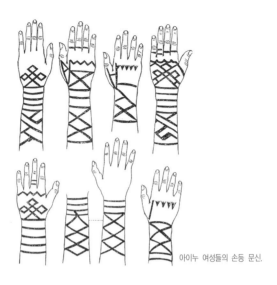

아이누 여성들의 손등 문신.

　이제 중국 대륙 쪽으로 들어가 보자.『묵자(墨子)』,「공맹(公孟)」편을 보면 "옛날 월왕(越王) 구천(勾踐)은 머리를 깎고 문신을 하고 그 나라를 다스렸다"는 기록이 있고,『한서(漢書)』「엄조전(嚴助傳)」에는 "월(越)은 방외의 땅으로 머리를 깎고 문신을 한 사람들이 산다"는 언급이 있다. 여기서 말하는 월은 중국 장강 이남 지역의 통칭이다. 이 지역은 한족들이 남쪽 오랑캐, 곧 남만(南蠻)이라고 부르는 소수민족들이 사는 곳인데『묵자』나『한서』는 이들의 민속에 문신이 있었다는 사실을 전하고 있다.

　사실 이 지역의 먀오족·리족·따이족·두롱족 등 많은 소수민족들은 근래까지도 문신의 습속을 지니고 있었다. 그래서

이 지역 소수민족 마을에
가보면 얼굴이나 팔다리
에 문신을 한 노인들을
드물게나마 만날 수 있는
것이다.

크게 보면 같은 월(越)에
속하는 베트남에도 문신의
흔적이 있다. 베트남의 옛
신화와 전설을 담고 있는
『영남척괴열전(嶺南摭怪列
傳)』의 「홍방씨전(鴻厖氏

청대 문헌인 『고금도서집성』에 실린 마오족의 문신.

傳)」을 보면 베트남의 문신 풍속에 대한 기록이 남아 있다.

　　당시 숲과 산록의 백성들이 강에서 물고기를 잡을 때 종
　종 교룡(蛟龍)에게 해를 입었다. 그래서 왕께 아뢰었더니 왕
　이 말하기를 "산만(山蠻) 종족은 수족(水族)과 다르다. 교룡
　이 자기 부류는 좋아하고 다른 부류는 싫어하여 너희들을
　침해하는 것이다"라고 했다. 그리고 사람을 시켜 백성들의
　몸에 먹으로 용군(龍君)의 모습과 수중 괴물의 형상을 새기
　게 했는데 이후로는 백성들이 교룡에게 물리지 않았다. 백
　월(百越)의 문신 풍속은 실로 여기서 비롯되었다.

베트남 문신의 유래에 대한 이야기이다. 신화적 이야기여서

이른바 사료로서의 신빙성은 의심스럽지만 그 속에는 문신에 관한 어떤 진실이 숨어 있다고 생각된다. 다시 말해 베트남의 문신이 실제로 교룡의 피해를 막기 위한 신화적 왕의 명령에 의해 시작되었는지는 알 수 없지만 베트남에 문신이 있었다는 것은 피할 수 없는 진실이라고 보아도 좋다는 뜻이다. 베트남의 홍 강 텔타 지역에 거주하는 락민(貉民)들이 문신을 가지고 있는 것은 사실이니까 말이다.

이제 이 오래된 문신 흔적을 더듬는 세계여행을 끝내기 위해 우리의 역사를 거슬러 올라가 보기로 한다. 우리에게는 과연 문신 습속이 없었는가? 그런 게 정말 있었을까 하고 고개를 갸우뚱거릴 수도 있고 없었으면 하고 바랄 수도 있겠지만 앞서 언급한 왜인을 다룬 문헌과 같은 역사 문헌에 우리의 고대 부족의 문신에 대한 흔적이 희미하게 남아 있다. 아래 소개한 것이 한국 고대 문신에 관한 중요한 기록들이다.

    1) 남자들은 때때로 몸뚱이에 바늘로 먹물을 넣어 글씨나 그림을 그린다. 이것을 문신이라고 한다.(『삼국지(三國志)』, 「동이전(東夷傳)」, 한(韓))

    2) 또 남자나 여자가 모두 왜와 같이 바늘로 몸뚱이에 먹물을 넣어 글씨나 그림을 그린다.(『삼국지(三國志)』, 「동이전(東夷傳)」, 변한(弁韓))

    3) 그 남쪽 국경은 왜와 가까운 까닭에 왜의 풍속을 닮아 역시 몸뚱이에 바늘로 먹물을 넣어 그림을 그리는 자가 있다.(『후한서(後漢書)』, 「동이전(東夷傳)」, 한(韓))

중국 역사서들의 기록이 전하는 것은 그리 많지 않다. 변한 또는 한(삼한)에 문신의 습속이 있었는데 남녀가 모두 문신을 했고 몸에 그림이나 글씨를 넣는 방식의 문신이 여느 민족의 문신과 다를 바 없다는 것, 그리고 왜의 풍속과 유사하다는 정도이다. 그러나 이 단편적 자료들이 말하는 바는 우리에게 문신의 습속이 있었다는 사실이다. 우리가 이 기록들을 특별히 부인할 만한 증거를 찾지 못하는 한 말이다. 그리고 여기서 더 유추해 볼 수 있는 것은 삼한시대 한반도 북부지역의 문신 민속에 관한 기록이 전혀 없기 때문에 고조선이나 동예 혹은 옥저와 같은 나라에는 문신이 없었을 가능성이 있다는 것, 그리고 한국이나 중국의 역사서에 삼국시대의 문신에 관한 기록이 없는 것으로 보아 삼한 이후에는 문신이 사라졌을 가능성이 있다는 것 정도이다.

지금까지 고고학이나 문화인류학의 자료들이나 역사서의 기록들을 통해 말을 달리며 산을 보듯이 세계문화사에 나타난 문신의 흔적들을 찾아보았다. 이 탐색여행은 적어도 우리에게 이런 결론을 선물한다. 문신은 인류 문화의 보편적인 현상이며 각 지역, 각 민족의 문화를 구성하는 근본적인 요소일 수 있다는 결론이다. 물론 문신을 하는 이유나 문신의 형식에는 문화적 차이가 있을 수 있겠지만 문신에 대한 인류의 욕망에는 차이가 없다는 것이다.

이런 관점에서 본다면 일찍이 『문신의 역사와 그 의미』(1925)에서 월프리드 험블리 박사가 주장한, 문신은 이집트에서 시작되어 전세계로 전파되었다는 가설은 잘못된 것이다. 물론 문신은 민족 사이의 접촉과 혼합을 통해 전파되고 융합될 수도 있고, 실제로 그런 사례들도 있지만 그 기원을 이집트로 못박는 것은 이미 낡은 주장이고 명백한 오류다.

문신이 인류의 보편적 욕망에 속하는 문제라면 다음 질문은 인간의 어떤 사회적 욕망을 충족시키기 위해 문신이 시행되었는가 하는 것이다. 이 원인에 대한 물음은 문신의 사회적 기능의 문제와 둘이 아니다. 문신은 한 사회 속에서 특정한 기능을 수행하기 때문에, 그리고 그 기능이야말로 한 사회 내에서 개인을 집단의 일원으로 만드는 것이기 때문에 어떤 사회의 신입자에게 문신은 욕망의 대상이 될 수 있는 것이다.

이제 문신의 유래를 살피는 일로부터 이런 문제에 대한 본격적인 논의를 시작해보자.

문신의 기원과 사회적 기능들

인류는 왜 문신을 하게 되었을까? 이 질문에 대해서는 여러 가지 견해가 제출되어 있다. 비교민족학적 관점에서 문신이나 바디 페인팅 등에 관한 저술을 남긴 19세기 독일의 인류학자 빌헬름 죄스트는 문신은 미신적 관습이 아니라 남성과 여성의 친밀한 교제와 관련된 개인적인 장식에 대한 관심의 결과라고 생각했다. 그는 고대사회에서 문신이 종교적 의미를 가지고 있다고는 보지 않았다. 그러나 문신의 동기를 어느 하나로만 설명하기는 어려울 것이다. 오히려 문신에는 종교적 동기와 미적 동기가 공존하고 있다고 보는 것이 더 정확한 설명이라고 생각한다.

그 후 다양한 자료 수집을 통해 문신에 관한 좀더 진전된

저작을 낸 옥스퍼드 대학의 인류학자 W. 험블리는 『문신의 역사와 그 의미』에서 문신의 동기와 사회적 의미에 대해 고통 방지, 총상 예방, 질병 치료, 초인간적인 힘의 부여, 젊음의 유지, 샤만의 초자연적인 힘의 강화, 사후 영혼 생존의 보장, 내세에서의 영혼 식별, 행운의 유인, 익사 방지, 축귀(逐鬼), 토템 동물이나 영적 지킴이의 보호나 신의 보호의 보증 등을 제시하고 있다. 험블리가 수집하고 정리한 문신의 다양한 동기들은 결국 문신을 통해 어떤 나쁜 것으로부터 보호받으려는 인간의 심리와 연관되어 있는 것 같다. 그리고 그 심리는 물론 죄스트가 부정했던 종교적인 것이다.

그러나 대부분의 심리학자나 정신과 의사들은 험블리의 이런 설명을 무시한다. 이들 프로이트주의자들은 주로 유럽이나 미국의 문신에 초점을 맞춰 논의하면서 종교적 믿음 때문이 아니라 성적 욕망이나 성적 도착의 억압 때문에 문신을 한다고 주장한다. 예컨대 심리분석가 월터 브럼버그는 가장 대중적인 문신 디자인을 분석하고 나서 그것들이 가학적 환상, 피학적 환상, 가학피학적 환상, 근친상간적 욕망에서 일어나는 죄의식, 억압된 동성애적 욕망, 수음 등을 상징하고 있음을 발견했다고 말한다. 이 같은 심리학적 혹은 병리학적 해석은 근대 서구사회에서의 문신을 설명하는 데는 다소간 유용한 면이 있을지도 모르겠다. 거기에는 분명 성적 억압의 문제와 무관치 않은 부분이 있으니까 말이다. 하지만 원시·고대사회에서의 문신까지 개인 심리의 차원으로 환원하여 설명하는 것은 별로 바람직하지 않다.

필자는 문신의 의미와 기원의 문제는 문신이 한 사회 내에서 실제로 어떤 기능을 수행하고 있는가 하는 관점에서 풀어야 한다고 생각한다. 이를 기능주의적 문화 해석이라고 할 수도 있을 터인데 이런 관점에서 접근해야 원시사회에서부터 현대사회에 이르기까지 지속되고 있는 문신의 의미를 좀더 잘 파악할 수 있으리라고 보기 때문이다.

주술적 기능을 가진 문신

일찍이 1884년에 아이누족의 문신을 조사한 바 있는 바첼러의 보고에 따르면 전염병이 한 마을을 습격했을 때 마을의 모든 여성들이 악귀를 쫓기 위해 문신을 했다고 한다. 20세기

에 들어와 아이누족을 조사했던 고다마(兒玉作左衛門) 등 일군의 일본학자들은 눈병이 생겼을 때 문신을 하면 치료가 된다고 믿는다든지 어깨의 통증을 치료하기 위해 오른쪽 어깨에 만(卍)자 문신을 했다든지 하는 아이누족의 문신 사례를 보고하고 있다.

북아메리카 인디언을 조사한 A. 싱클레어의 보고도 흥미롭다. 오지브와 인디언들은 악령이 일으킨 것으로 믿

치료를 목적으로
어깨에 문신을 한 모습.

25

는 두통이나 치통으로 고통을 당할 때 이마와 뺨에 신당(神堂)의 형상을 새겨 치료한다는 것이다. 이때 이들은 악령을 쫓아낸다고 믿는 노래를 부르고 춤을 추며 집단적 문신 의례를 거행한다. 말하자면 개인의 신체적 고통을 집단적 의식을 통해 치료하고 있는 것이다.

이런 몇몇 문신 사례늘은 '문신한' 사회에서 문신이 질병을 치료하는 힘이 있는 것으로 받아들여졌다는 사실을 말하고 있다. 물론 이때의 치료란 물리적 치료가 아니라 질병의 원인을 악귀로 상징화하고 악귀를 물리치는 초자연적 힘의 표상으로 여겨지는 문신을 통해 질병의 원인을 제압하는 상징적 치료, 다시 말해 주술적 치료일 것이다. 여기서 우리는 문신이 지닌 사회적 기능 하나를 추출할 수 있다. 그것은 바로 주술적 기능이다. 주술적 기능은 개인의 심리 안에서 작동하는 것이기 때문에 사회적 기능이 아니라고 오해할 수도 있겠지만 문신의 치료 효과에 대한 믿음은 문신 사회의 집단적 믿음이기 때문에 주술적 기능은 사회적 기능일 수밖에 없는 것이다.

문신의 주술적 기능을 또 다른 사례를 통해 좀더 탐구해 보자. 앞에서 오래된 문신의 흔적을 탐색하면서 우리는 일본이나 베트남의 고대 문신에 대한 문헌 기록을 읽어본 바 있다. 앞에서는 따로 거론하지 않았지만 그 기록들에서 특히 우리가 주목해야 할 부분은 왜 문신을 하게 되었는가 하는 것, 다시 말해 문신의 유래에 관한 설명 부분이다.

『삼국지』나 『영남척괴열전』의 기록들이 말하는 것은 물 속에서 일할 때 사나운 물새나 큰 물고기 혹은 용의 일종으로 상상의 동물인 교룡과 같은 물짐승의 위해를 피하기 위해 문신을 했다는 것이다. 말하자면 실용적 목적으로 문신을 했다는 설명이다. 그러나 문신이 실제로 악어나 뱀과 같은 수중동물들의 공격으로부터 신체를 보호하는 효과를 지녔을지는 대단히 의문스럽다. 그것은 문신이 치통이나 전염병을 실제로 치료하는 효과가 있었을까 하는 의문과 마찬가지의 의문이다.

그러나 여기서 중요한 것은 문신 습속을 지닌 사람들에게 그런 믿음이 실제로 있었다는 사실이다. 그리고 그런 믿음은 논리적 이성을 앞세운 우리의 의문을 참으로 어리석은 의문으로 만든다. 이 믿음의 세계 속에서는 의심이야말로 치료를 불가능하게 만드는 질병이기 때문이다. 의심하면 아무리 뺨에 문신을 해도 이빨은 계속 아프게 마련이라는 뜻이다.

이런 믿음이 오래된 것이고, 여전히 지속되고 있는 것이라는 점은 근래에 채록된 중국 소수민족의 전설이 잘 말해주고 있다.

옛날 따이족은 아직 정착지가 없어 강을 따라 다니면서 물고기를 잡고 새우를 찾으며 살아갔다. 당시 강 속에는 흉악한 교룡 한 마리가 살고 있어 흰색이나 종황색(棕黃色) 물건을 보기만 하면 물어 사람들에게 큰 위협이었다. 따이족 선조들은 스스로를 지키기 위해 방법을 고안했는데 강에 내려갈 때는 염료로 전신을 검게 칠하는 것이었다. 그러나 물

속에 있는 시간이 길 경우 염료가 씻겨 내려가 다시 교룡의 피해를 입었다. 후에 사람들은 바늘로 전신을 찔러 꽃무늬를 만들고 검은 색으로 그 위를 칠하는 방법을 생각해 냈는데 물 속에서도 탈색되지 않아 교룡의 상해를 면하게 되었다.

중국 운남성에 거주하는 따이족의 이 전설은 앞의 문헌 기록들보다 문신의 유래를 좀더 '그럴듯하게' 그려내고 있다. 처음에는 단순히 검게 칠하기만 하다가 칠을 영구적으로 보존하기 위해 문신으로 발전했다는 논리는 설득력이 있는 것도 같다. 이 문제에 대해 일찍이 중국의 역사학자 고힐강(顧頡剛)은 초(楚)나 월(越) 일대는 숲이 무성하고 땅이 습해 사람과 뱀이 동거했기 때문에 사람이 위해를 입는 일이 많았으므로 이 지역에 사는 사람들은 머리를 짧게 깎고 문신을 했다고 설명했다. 문신은 생명을 보호하려는 욕구에서 비롯한 것이고 문신의 용도는 동물의 보호색과 동일하다는 것이 고힐강의 견해였다. 말하자면 문신의 실용적 기능을 강조한 것이다.

그러나 실용적 기능만으로 문신을 설명하기는 어렵다. 실제로 온몸을 검게 물들이는 문신을 보기는 어렵다. 정도의 차이는 있지만 문신은 신체의 특정 부위에 부분적으로 하는 것이고 그냥 검게 칠하는 것이 아니라 특정한 문양을 가지고 있다. 따라서 우리는 문신이 지닌 실용적 기능이 아니라 상징적 기능에 더 관심을 가질 필요가 있는 것이다. 문제는 문신 효과의 실제성이 아니라 효과의 상징성이다.

『영남척괴열전』에 전하는 베트남의 문신 유래 이야기 역시 그것을 잘 보여 준다. 「홍방씨전」이 이야기하는 용군은 베트남 여러 부족의 수호신이자 조상신에 해당하는 존재다. 그런데 물의 지배자인 이 수호신의 표지를 신체에 새겨 넣어 교룡의 해를 피한다는 논리는 용군 형상의 문신이 지닌 상징성을 말하는 것이다. 요컨대 상징과 상징물이 주는 보호에 대한 믿음이 문제인 것이다.

여기서 프레이저가 그의 명저 『황금가지』에서 말한 모방주술(Imitative Magic)에 대해 잠시 생각해보자. 프레이저는 이 개념을 설명하기 위해 무수한 사례를 들고 있는데 그 가운데 브리티시 뉴기니 서부의 여러 부족 사이에서 행해지는 뱀의 해를 피하는 습속이 적절한 참고 자료가 될 만하다.

이들 부족들은 뱀에게 물리기 않기 위하여 뱀을 잡아 불에 태워 그 재를 두 다리에 바른 다음 숲에 들어간다고 한다. 왜 뱀을 피하기 위해 뱀을 사용할까? 프레이저는 이를 '유사한 것이 유사한 것을 낳는다'는 모방주술 관념의 소산으로 설명하고 있다. 이는 뱀 등에 물리지 않기 위해 뱀 형상의 문신을 몸에 새기는 타이완 고산족의 행위나 교룡의 해를 피하기 위해 용군의 형상이나 수중 괴물의 형상을 새긴 베트남의 문신 사례와 아주 유사한 것이다. 모방주술에는 모방 대상, 다시 말해 상징물이 주는 힘에 대한 믿음이 있는 것이다. 그리고 이 믿음은 결국 상징이 지닌 주술적 효능에 대한 믿음이다.

이야기가 좀 빗나가기는 하지만 우리는 석기시대 수렵민들의 바위그림(岩刻畵)에 대해 잘 알고 있다. 유명한 알타미라 동굴의 들소 그림이나 우리 나라 울산 반구대의 고래 그림이 좋은 예들이다. 왜 그들은 바위에 그런 그림을 남겨 놓았을까? 주지하다시피 이들 석기시대인들은 바위에 동물 그림을 새겨 해당 동물이 많이 잡히기를 빌었던 것이다. 여기에도 모방주술이라는 원시적 사유가 녹아 있다. 바위에 그림을 그리는 행위나 자신의 신체에 그림이나 글자를 새기는 행위는 주술적 효과에 대한 믿음에 기초하고 있다는 점에서 깊은 친연성이 있는 것으로 보아도 좋을 것이다.

앞으로 다루겠지만 문신의 목적과 사회적 기능에는 주술적인 것 말고도 여러 가지가 있을 것이다. 그러나 그런 기능들 가운데 주술적 기능은 좀더 오래된 것이고, 근원적인 것이 아닐까 생각한다. 문신의 발생이 의례적이고 종교적인 것과 연관성이 있으리라는 추정에 대해서는 대부분의 관련 학자들이 동의하고 있다. 오지브와 인디언들의 문신 의례처럼 문신은 마술적 치료를 목적으로 시행되었을 것이고, 그것은 개인에게나 집단에게나 주술적 기능을 수행한 것이다. 하지만 문신은 이 주술적 기능의 토양 위에서 다양한 의미를 지닌 사회적 행위로 확산되어 간다.

종족표지기능을 하는 문신

다시 베트남의 문신기원전설로 돌아가 보자. 꼼꼼히 살피면 문신이 교룡의 해를 피하는 주술적 방법일 뿐만 아니라 동일 종족(씨족·부족·민족)을 구별하는 표지의 구실을 한다는 사실을 알 수 있다. "산만(山蠻) 종족은 수족(水族)과 다르다. 교룡이 자기 부류는 좋아하고 다른 부류는 싫어하여 너희들을 침해하는 것"이라는 왕의 말은 문신이 같은 부류를 표시하는 기능을 수행하리라는 것을 암시한다. 용군을 몸에 새긴 사람이 백월족이라는 이 전설의 끝매듭은 그것을 잘 보여 준다. 여기서 우리는 문신의 주요한 사회적 기능의 하나가 종족표지기능이라는 것을 확인할 수 있다.

현재 중국 서남부의 해남도(海南島)에 주로 거주하고 있는 리족(黎族)에 관한 중국 쪽 기록을 보면, 송대(宋代)의 자료인 『해사여록(海槎餘錄)』에 "리족의 풍습에 남녀가 돌이 되면 문신을 한다. 만약 그렇지 않으면 조상이 그 자손을 몰라보기 때문(黎俗, 男女周歲, 卽文其身. 不然, 則上世祖宗不認其爲子

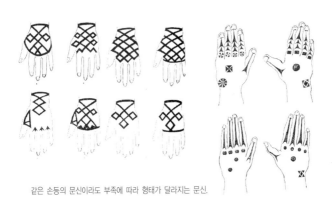

같은 손등의 문신이라도 부족에 따라 형태가 달라지는 문신.

孫也)"이라는 흥미로운 언급이 있다. 조상이 문신을 보고 자손을 알아본다는 것은 분명 문신이 혈족집단을 표시하는 기능을 한다는 말이다. 이는 실제로 서로 다른 지파, 서로 다른 혈연집단에 속하는 리족 부녀자들이 서로 다른 형태의 문신을 가지고 있다는 데서도 재확인할 수 있는 사실이다.

종족표지라는 문신의 사회적 기능이 일마나 강력한 힘을 가지고 있는가를 보여 주는 흥미로운 사건이 하나 있다. 이 사건은 20세기 초 타이완의 고산족 마을에서 발생했는데, 그것은 일본이 타이완을 점령한 후 1914년 타이완 총독부에 의해 강제로 시행된 얼굴문신금지령과 관련되어 있다. 이는 아마도 식민지 조선에서 시행된 단발령이나 창씨개명과도 유사한 식민지 당국의 명령이었을 것이다.

고산족들은 이 강압적 금지령 앞에서 어쩔 수 없이 마을마다 새끼돼지를 계곡에 던지고 술을 뿌리면서 조상에게 문신을 폐지하게 된 연유를 고하고 용서를 구하는 의례를 진행한다. 그런데 5년 후 심한 재해와 유행성 감기로 날로 사망자가 증가하자 고산족들은 이를 문신의 폐지에 대한 조상신들의 벌로 여겼다고 한다. 그래서 금지령에도 불구하고 문신을 다시 시작했다는 것이다. 이 일련의 사태는 우리에게 습속의 견고한 뿌리를 보여 주는 것이면서 동시에 문신이 집단을 표시하고 구별하여 집단의 동일성을 확인시켜주는 유력한 사회적 장치였음을 말해 준다.

문신의 집단표지기능과 아울러 그것이 조상숭배의 의미도

함유하고 있음을 지적해 둘 필요가 있겠다. 문신이 없으면 조상이 못 알아본다는 것은 결국 조상신과의 교류가 단절된다는 것이다. 문신 습속을 버리는 일을 조상에게 고유하지 않으면 안 된다는 의식이나 문신의 폐지와 재난을 연관짓는 심리적 태도는 결국 조상신의 후손의 삶에 대한 관여를 인정하는 것이다. 이런 태도는 문신이 조상숭배의식과 맞물려 있음을 웅변한다. 조상에 대한 숭배의식이 한 혈족집단의 존속을 보장하는 심리적 제도라는 점을 인정한다면 그것은 문신의 집단표지기능과 다른 것이 아닐 것이다. 결국 조상숭배의식과 그 담론이 문신의 정당성을 보장하고 문신은 다시 집단의 동일성을 사회적으로 구현하는 제도가 되는 셈이다.

신분표지기능을 지닌 문신

문신은 집단의 표지만이 아니라 신분표지의 기능도 가지고 있다. 왜인들의 문신 풍속을 전해주고 있는 또 다른 자료를 하나 읽어보자.

남자는 모두 얼굴에 바늘로 먹물을 넣어 글자를 쓰고 몸뚱이에도 글자와 그림을 그리는데 그 무늬가 있는 것이 좌우 어느 쪽이거나 또는 크고 작은 것으로 높은 사람과 낮은 사람의 차등을 따진다. …… 붉은 주사(朱砂)를 몸에 칠하는데 마치 중국 사람들이 분을 칠하듯이 한다.(『후한서(後漢

書)』, 「동이전(東夷傳)」, 왜(倭))

이『후한서』의 기록은 왜인들이 문신의 위치, 문신의 크기 등을 근거로 문신자의 사회적 신분을 표시했다는 것을 말하고 있다. 아마도 처음에 문신은 샤만과 같은 특정한 지위에 있는 사람의 전유물이었을 가능성이 높다. 그러다가 문신이 모든 구성원들의 문화가 되자 문신의 위치나 형태 혹은 크기에 따라 개인의 사회적 위치를 표시할 필요성이 대두했을 것이다. 계급이 발생하고 남성 중심의 사회가 구성되면서 문신은 더 다양하고 정교한 방식으로 문신자의 사회적 신분을 표시하는 기능을 수행했으리라고 생각한다. 위의 기록은 그것을 잘 보여 준다.

앞서 예로 든 해남도 리족의 경우 문신은 신분을 표시하는 수단이어서 신분이 낮은 여자들은 문신을 할 수가 없다고 한다. 마셜 제도에 사는 원주민들의 경우 이는 더욱 명백하다. 이들의 경우 일반인은 등과 가슴만을 사용할 수 있다. 턱과 얼굴을 장식하는 것은 추장만의 특권이고, 귀족은 팔에 문신을 할 수 있었다고 한다. 한 19세기 마오

19세기에 영국에 간 마오리인 테 페이 쿠페의 초상화.

리인의 초상화에서 볼 수 있듯이 뉴질랜드의 마오리족은 특히 복잡한 남성의 문신으로 유명한데 얼굴 전체를 곡선이나 직선 혹은 당초(唐草) 무늬로 장식할 수 있었던 것은 높은 지위에 있는 남성만의 특권이었다. 문신이 신분을 드러내는 좋은 사례라고 할 수 있다.

문신은 신분의 높낮이만이 아니라 신분의 또 다른 측면인 결혼의 유무 혹은 성인임을 표시하는 것이기도 했다. 리족의 경우 얼굴만이 아니라 가슴에도 문신이 있는 여자는 유부녀이다. 리족 여성은 출가하기 전에 문신의 완성이 필수적이라고 한다. 그렇지 않으면 남자 쪽에서 짝으로 맞지 않으려고 한다는 것이다. 타이완 고산족의 경우도 크게 다르지 않다. 남자들은 결혼 후에 반드시 어깨, 등, 가슴, 손과 팔, 겨드랑이 등에 문신을 한다. 여성들도 결혼을 할 때 두 뺨에 망사형 무늬의 문신을 해야만 했다.

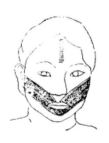

근대 이전의 사회에서 옷이 일종의 신분증과 같은 역할을 했다는 것은 주지의 사실이다. 한국이나 중국 등의 복식제도를 보면 신분의 위계에 따라 옷의 형태, 색상 등 다방면에서 차이가 있었다. 이런 점에서 보면 복식의 일종인 문신이 신분표지기능을 수행하는 것은 당연한 일이다. 그러나 옷이 일시

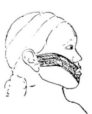

고산족의 망사형 뺨 문신.

적이고 가변적이라면 문신은 영구적이라는 점에서 좀더 강력한 신분표지라고 해도 좋을 것이다. 문신은 결혼반지처럼 쉽게 뺄 수 있는 것이 아니니까 말이다.

여기서 우리가 알 수 있는 것은 문신의 위치나 형태, 크기 등은 집단마다 기준이 다를 수 있지만 그것을 통해 한 개인의 사회적 위치를 부여하는 원리는 동일하다는 사실이다. 이렇게 본다면 문신한 사회는 문신을 통해 개인의 위치, 다시 말해 개인의 정체가 거울처럼 드러나는 사회라고 할 수 있겠다. 문신 습속과 같은 정체화의 장치가 없는 익명화된 현대사회의 개인들이 자신의 정체를 드러내기 위해 특정한 종류의 명품 브랜드를 열광적으로 소비하는 것은 어찌 보면 문신 없는 시대의 문신에 대한 욕망일 수도 있을 것이다.

필자는 앞에서 문신의 여러 기능들 가운데 주술적 기능이 좀더 근원적일 것이라고 말한 바 있다. 그렇다면 종족표지나 신분표지와 같은 개인의 사회적 정체성을 표현하는 기능과 주술적 기능의 선후관계는 어떻게 될까? 이 문제는 간단히 풀 수 있는 것은 아니지만 앞서 거론했던 베트남의 문신유래담으로 되돌아가 해법을 찾아보자.

앞에서 우리가 읽은 많은 자료들은 짐승이나 악귀들의 해를 막기 위해 문신을 한다고 했다. 그런데 베트남의 이야기는 짐승의 해를 막기 위한 문신인 동시에 종족을 표시하는 기능과 결부되어 있어 두 기능 사이의 관계를 생각해보게 한다. 과연 개인을 외부의 위험으로부터 보호하려는 주술적 목적으로 시행한 문신이 후에 집단의 정체성을 드러내는 표지가 되었을까, 아니면 집단의 정체성을 드러내기 위해 시술한 문신이 나중에 주술적 효과까지 있는 것으로 인식되었을까? 이는 닭과 달걀의 관계처럼 쉽게 선후관계를 단정하기 어려운 의문이다.

그런데 베트남의 문신유래담은 베트남 건국신화인 「홍방씨전」의 후반부에 덧붙어 있는 형식으로 기록되어 있다. 이런 기록의 형식은 이 자료 자체가, 다시 말해 문신의 주술적 기능과 종족표지기능의 결합 자체가 도래계인 산만계와 토착계인 수족을 통합하기 위해 재구성된 '신화'적 자료일 수 있다는 점을 시사한다. 그렇다면, 적어도 이 베트남 유래담에 근거한다면 문신의 종족표지기능은 문신의 주술적 기원에 이미 달라붙어 있었거나 그것보다 선행했던 것이 아니라 문신이 확산되고 집단 내에 일반화되는 과정에서 후천적으로 생성되었을 가능성이 높은 것이 아닐까?

물론 모든 집단 내에서 문신의 발생과 그 기능의 확장이 '주술적 기능→종족·신분표지기능'이라는 동일한 경로를 밟는다고 말할 생각은 없다. 문신이 이웃 집단이나 도래한 집단으로부터 전파된 경우에는 종족표지기능이 해당 집단의 문신유래담과 결부될 가능성도 있기 때문이다. 그렇지만 앞에서 검토한 자료들의 실상을 인정한다면, 그리고 인간의 세계에 대한 두려움에서 발생한 주술이 사회적 제도에 선재한다는 점을 염두에 둔다면 기능의 유래와 확장의 방향을 '주술적 기능→종족·신분표지기능'으로 일반화할 수도 있을 것이다.

아름다움을 표현하는 문신

문신의 또 하나의 주요 기능은 미적 기능이다. 옷이 외부 환경으로부터 신체를 보호하면서 동시에 아름다움을 표현하는 것이라면 옷의 일종인 문신 역시 미의 표현과 필연적으로 연관될 수밖에 없을 것이다. 문신의 미적 기능은 특히 현대의 문신과 관련하여 의미 있는 기능으로 생각된다. 오늘날 문신은 문신에 대한 부정적 이미지가 만들어낸 불편한 감성이 없지 않음에도 불구하고, 아름다움을 표현하는 예술의 한 형식으로 인식되고 있기 때문이다. 그러나 문신 습속을 지닌 사회에서 문신은 아름다움의 대상이었다.

아이누족의 문신 민속을 조사한 일본학자들의 증언에 따르면 문신할 나이가 차서 문신을 하고 있는 아이누 여인은 대단히 아름답게 보이기 때문에 아이누 남성들에게 매력적 대상으로 여겨진다는 것이다. 사진에서 볼 수 있듯이 아이누 여성들의 두터운 입술 주위의 문신은 상당히 특이하다. 입술에 루주를 칠하는 여성들만을 보고 사는 우리들에게 아이누 여성의 입술 주위 문신은 추하게 보일 테지만 아이누인들에게 그것은 추구해야 마땅한 아름다움이었음

19세기에 일본 조사자가 찍은 아이누 여성의 입 주위 문신.

에스키모 여성의 턱 문신.

에 틀림없다.

인류학자 세르게이 보고야브렌스키에 따르면 베링 해협의 디오메데 섬 주민들에게 여성들의 턱에 새겨진 줄무늬 문신은 대단히 중요하다. 왜냐하면 턱에 있는 얇은 줄무늬 문신은 아내를 고르는데 있어 가치 있는 척도가 되기 때문이다. 그들은 자주 미소 짓거나 많이 웃는 소녀의 경우 턱의 줄무늬가 더 넓어지거나 두꺼워지는 것으로 믿었기 때문에 턱에 많은 줄무늬가 있을 뿐만 아니라 그것들이 모두 좁거나 얇은 소녀를 좋은 아내감으로 생각했다는 것이다. 왜냐하면 그녀는 분명히 진지하게 그리고 열심히 일을 하느라 웃을 시간이 없었을 것이기 때문이다. 이들 에스키모 남성들에게 가늘고 많은 줄무늬 턱 문신은 아름다운 것이었다. 그리고 그것은 문신을 한 여성들의 경우도 마찬가지였을 것이다.

그렇다면 문신이 아름답다는 인식은 어떻게 생겨난 것일까? 이 의문을 풀기 위해서 우리는 다시 한번 앞에서 인용한 바 있는 『삼국지』의 진술을 들어볼 필요가 있다.

지금 왜인이 물 속에 들어가 물고기와 전복·조개를 잘 잡고 몸뚱이에 그림을 넣는 것도 역시 큰 물고기나 물새를 피하기 위한 것이다. 그러던 것이 뒤에 와서는 차츰 장식으로 이 방법을 쓰게 되었다.

3세기의 이 기록이 분명히 증언하고 있는 것은 문신이 처음에는 방어주술적 기능으로 사용되다가 뒤에 가서 차츰 장식으로 사용되었다는 것이다. 여기서 문신이 '장식'으로 쓰였다는 말은 문신이 아름다움을 표현하는 수단으로 전이되었다는 뜻이다. 방어주술이라는 실제적, 상징적 기능에서 미적 기능으로의 전환이라는 긴요한 주제가 이 짧은 문장 속에 요연하게 드러나 있다.

미의 발생을 설명하는 유력한 관점 중의 하나가 공리관에서 심미관으로의 발전 모델이라는 것을 우리는 알고 있다. 프랑스의 라스꼬나 스페인의 알타미라 동굴 등 석기시대의 동굴 벽화들을 보면 동물들의 역동적인 형상이 그려져 있는데, 그 동물들은 그림을 그렸던 석기인들의 사냥감이었다. 그들은 그림을 통해 그들의 배를 불릴 사냥감이 많이 포획되기를 기원했던 것이다. 기실 우리말의 '아름답다'의 어원 역시 '아름', 곧 알 혹은 열매와 무관치 않다. 이런 간단한 사례를 통해 알수 있듯이 아름다움에 대한 인식은 우리 몸에 실제적 유익을 주는 것과 관계가 깊다. 오죽하면 '금강산도 식후경'이란 속담까지 생겨났을까.

문신에 대한 심미감도 다르지 않을 것이다. 문신 역시 처음에는 신체의 방어라는 일상의 실질적인 역능을 목적으로 생겨났다가 그 주술적 공리성을 바탕으로 공리성 자체가 아름다움으로 인식되기 시작한 것은 아닐까? 앞에서 예로 든 디오메데 섬의 에스키모들이 가늘고 많은 턱의 줄무늬 문신을 아름답게 여긴 것도 사실은 그런 문신을 한 여자가 웃지도 않고 묵묵히 일을 잘한다는 공리적 이유 때문이었다. 오늘날 여성들이 예쁘게 웃는 모습을 연출하기 위해 일부러 보조개를 파는 것과는 전혀 반대의 이유로 아름다움을 인식했던 것이다.

타이완 고산족 가운데 한 지파인 타이야족의 문신기원전설은 그런 점에서 꽤나 흥미로운 바 있다.

1) 옛날 한 남자가 여자에게 말했다. "네 얼굴은 너무 추해. 그렇지만 문신을 하면 아름다워질 수 있어." 당연히 여자는 허락을 했고, 그 남자는 곧 까만 그을음으로 얼굴 위에 꽃무늬를 그렸다. 그리고 시술방법도 가르쳐 주었다. 이후 문신을 아름다움으로 보는 관념이 생겨났다.

2) 옛날 두 남자가 사냥에서 얻은 포로의 머리 위에 문신을 하며 즐기다가 새겨진 꽃무늬가 퇴색하지 않는 것을 발견했는데 아주 아름답다고 생각했다. 곧 자신들의 얼굴에도 무늬를 수놓았고 이로부터 남자들이 문신하는 습속이 생겨났다.

두 전설은 아름다움의 표현으로서의 문신이 남자에게서 시작되었다는 것, 그리고 남자에게서 여자에게로 전수되었다는 것을 이야기하고 있다. 그런데 남자들이 문신의 아름다움을 발견하게 된 계기는 둘째 이야기를 참고하면 '놀이(유희)'이다. 이들이 문신을 가지고 유희를 했다는 것은 이들이 문신이 지닌 주술적 기능으로부터 어느 정도 객관적 거리를 확보하고 있었기 때문이라고 생각된다.

주술 혹은 조상숭배와 같은 신성성이 주는 두려움 속에는 심미 관념이 쉬 깃들 자리가 없다. 이는 신성함이 주는 숭고미를 부정하자는 것이 아니다. 그보다는 문신이 장식적 아름다움으로 꽃피려면 신성이나 주술로부터 벗어나 그것이 즐거운 놀이가 될 수 있어야 한다는 점을 강조하려는 것이다. 이들이 장식적 아름다움을 발견할 수 있었던 것도 이 남성들이 지녔던 유희정신 때문이 아니었는가. 이런 남성들의 심미 관념이 여성들에게로 전이되는 현장을 보여 주는 것이 첫째 이야기다. 한 남성이 한 여성을 추하다고 인식하고 호명하지 않는다면 신체에 대한 장식이 생겨날 수 있겠는가? 그 역도 마찬가지이다.

물론 이 두 전설이 문신의 미적 기능 혹은 미용문신의 발생에 관한 모든 진실을 함축하고 있는 것은 아니다. 그리고 미용문신을 남자들이 먼저 시작하여 여자에게 전해주었다는 증거가 확실한 것도 아니다. 그러나 우리가 분명히 확인할 수 있는 것은, 마치 의복이 그러하듯이 문신이 일찍부터 미적 대상으로 인식되어 있었고, 그 인식은 문신이 지닌 공리성을 바탕으로, 또는 그 공리성 속에 깃들어 있는 주술성으로부터 조금씩 거리를 확보함으로써 확산되어 갔으리라는 점이다.

이처럼 문신이 미적 기능을 수행하게 되면서부터 문신은 단순히 몸을 찌르거나 베어 흔적을 남기는 형식을 탈피하여 다양한 기호적 표현을 마련하고 추상화되는 길을 걸었을 것이다. 운남성에 사는 이족(彝族) 소녀들이 7, 8세 무렵부터 17세가 되기까지 매 년 몇 개씩의 꽃무늬 문신을 하는 것, 그리고 문신이 없으면 자신이 아름답지 못하다고 믿는 것도 분명 이런 미의식과 다양화된 문신 기법의 결과일 터이다. 앞에서 본 마오리 전사의 얼굴 문신은 얼마나 복잡한가, 그리고 얼마나 화려하고도 아름다운가.

문신의 또 다른 기능들

문신에 관심을 가진 학자들마다 문신의 유래나 목적, 기능들에 대해 다양한 의견을 내놓고 있다. 앞서 언급했던 험블리의 견해도 그런 것이다. 그러나 문신의 의미를 분명하게 하기 위해서는 개별 사례마다 내세우는 다양한 이유들을 몇 갈래로 범주화하여 이해할 필요가 있다. 필자는 그것을 기능주의적 관점에서 주술적 기능, 종족표지기능, 신분표지기능, 심미적 기능으로 나누어 범주화해 보았다. 문신 습속을 지녔던 사회에서 문신의 기능은 대개 이 범주 안으로 수렴될 것으로 믿는다. 그러나 이 범주의 바깥에 있는 문신의 기능들도 있다.

예를 들어 이런 경우를 생각해보자. 전란을 당하거나 갑작스레 가족이 유리될 처지에 놓였을 때 나중에 혹은 성장한 후

에라도 아이의 정체를 확인하기 위해 손등이나 어깨 등에 이름을 쓰거나 점을 찍어 문신을 하는 경우가 있을 수 있다. 일본 학자들의 조사에 따르면 실제로 20세기 초 조선에서 그런 사례가 있었다고 한다. 그리고 이즈음도 어릴 때 헤어진 가족을 찾기 위해 텔레비전 카메라 앞에서 사람들이 종종 하는 말 가운데 하나가 이럴 때 손등에 점을 찍어 주었다는 것이다.

그 외에도 서약을 위한 문신이 있을 수 있다. 부모나 형제의 복수를 위해, 복수심을 스스로 다지기 위해 몸에 피해자나 원수의 이름이나 상징적 표시를 새기는 경우가 있다. 또 자신이 새운 목표를 달성하기 위해서 혹은 조직에 대한 충성을 다짐하기 위해서 또는 도박처럼 반복적으로 저지르는 잘못을 다시는 반복하지 않겠다는 다짐으로 문신을 하는 경우도 있다. 서약 문신 가운데 오늘날 아마도 가장 흔한 것은 연인 사이의 관계를 확인하기 위해 하는 문신일 것이다. 이런 서약 문신은 고대의 문신 사회에서도 있었던 전통이다. 많은 경우 여성의 외음부나 배꼽 등 성적 의미를 지닌 위치에 상대방의 이름이나 상징적 문양을 새긴다. 동성애자들이 많이 하는 서약 문신도 이런 것이다.

그러나 이런 서약 문신은 경우에 따라 폭력적 기능을 수행하는 문신이 될 수 있다. 관계를 맺은 여성에게 강제로 문신을 남기는 경우, 문신은 칼보다 무서운 폭력의 기능을 수행한다. 다시 말해 그 서약이 일방적일 때 그것이 상대방에게는 폭력으로 작용하게 된다는 말이다. 조직에 대한 충성의 서약용 문신 역시 마찬가지일 것이다.

이런 식의 혈연 확인용 문신이나 서약 문신은 부족 집단과 같은 큰 집단이 아니라 직계가족 관계나 연인 관계 등 가장 기초적인 사회에서 사적 차원의 기능을 수행한다. 이런 문신의 의미는 사적 영역에 머무를 뿐 공적으로 환기되지 않는다. 다시 말해 문신이 공개되어도 그 의미는 여전히 공개되지 않는다는 것이다. 그리고 이런 기능은, 주술적 기능이나 종족표지기능 등을 수행하는 습속으로서의 문신이 사라진 사회에서 좀더 의미 있는 기능이 아닐까 생각된다.

문신의 사회적 효과와 욕망의 동일화

앞 장에서 문신이 지닌 주술적 기능, 주술적 기능에서 종족 표지나 신분표지기능으로의 확장 그리고 심미적 기능의 발현이라는 문제를 개략적으로 검토했다. 이제 문신의 깊은 의미를 해명하게 위해 이 기능들의 관계와 사회적 의미를 좀더 천착해볼 필요가 있을 것이다. 문신은 궁극적으로 어떤 사회적 효과를 지닌 행위인가?

먼저 이런 장면을 상상해보자. 아이들이 혹은 소녀들이 얼굴을 찡그리지 않으려고 애쓰며 바늘로 찔리는 고통을 참는 모습. 문신은 어떤 방식을 선택하건 신체적 고통과 심리적 공포를 수반한다. 『동녕진씨향속도(東寧陳氏香俗圖)』에 따르면 타이완의 고산족들은 문신을 할 때 "문신은 대개 할아버지의 명으로 시행하는데 짐승을 잡아 제사를 지내고 그 짐승의 피를 무리가 함께 마셔 그 자손을 취하게 한 후 기분 좋은 상태에서 바늘로 먹물을 들인다(文身皆命之祖父, 刑牲社衆飮, 其子孫至醉, 以針酺而墨之)". 이는 문신이 술에 의한 마취가 필요할 만큼 고통이 동반되는 '착복식'일 수밖에 없다는 점을 잘 보여 준다. 여기서 자연스럽게 이런 물음이 떠오른다. 대체 문신이 뭐길래 고통스러워하면서도 그 옷을 입으려 하는가 혹은 찔리기를 즐거워하는가? 문신은 문신자에게 어떤 의미를 제공하는 사회적 장치일까?

의문을 풀기 위해서는 문신을 새길 수 있는 자격을 정교하게 규정하고 있는 고산족 타이야인의 사례를 살펴볼 필요가 있겠

문신의 고통을 참고 있는 사모아 여성.

다. 이들은 먼저 남자의 경우 적의 머리를 베어 와야 턱에 문신을 할 수 있고, 사냥한 적의 머리가 많은 경우에 가슴과 손에 문신을 할 수 있는 자격이 생긴다고 한다. 그리고 배의 문신은 사냥할 때 규정된 무기를 사용할 수 있는 자격을 의미한다. 여자의 경우 얼굴 문신은 무늬가 놓인

웃옷을 다 짠 후 얻을 수 있는 자격이지만, 가슴과 팔 그리고 다리의 문신은 베 짜는 기술이 탁월하거나 새로운 꽃무늬의 베를 짜는 기술을 발명한 여자에게만 주어지는 특권이다. 고산족의 사례만을 거론했지만 어느 문신 사회이건 문신이 사회적 습속, 제도로 자리잡은 사회에서는 문신을 하는 방법과 절차 그리고 자격과 시기가 정교하게 규정되어 있다.

그런데 문신이 한 사회에서 제도를 통해 이런 의미를 지니게 되면 문신 여부가 개인의 사회적 지위가 되고 정체성이 되고, 나아가 존재의 의미가 된다. 타이야 사회의 경우 특정한 문신은 남성의 경우 전쟁능력, 여성의 경우 방직능력의 표상이 되고, 그가 타이야 사회에서 필요한 인간 혹은 특별한 존재로 자리매김되었다는 의미가 된다. 말하자면 문신이 없는 인간은 인간취급을 못 받게 되는 것이다. 즉, 남자는 남자 대접을 못 받고 여자는 출가조차 할 수 없게 되는 것이다.

이렇게 되면 이제는 문신 자체가 욕망의 중심이 된다. 문신을 하기 위해서는 어떤 고통도 감내해야 하고, 특정한 문신을 획득하기 위해서는 그 집단이 요구하는 각고의 노동을 마다하지 않아야 한다. 이제 하나의 문신 사회는 이 욕망을 중심으로 동일화된다. 이제 문신은 단지 피부 위에 새겨진 무늬가 아니라 정신의 무늬, 의식의 주름이 되는 것이다. 문신의 궁극적 기능은 욕망의 동일화, 그것이 아닐까?

이런 면에서 보면 '문신하기'란 일찍이 A. 반 즈네프가 말한 바 있는 통과의례(passage rites)의 일종이라고 해도 좋을 것이다. 통과의례로서의 문신은 할례나 새끼손가락 혹은 귓불을 자르는 것, 콧구멍 사이의 뼈를 뚫는 것이나 머리를 특별한 방식으로 깎는 것 등과 마찬가지로 개인을 한 사회에 영구적으로 통합하는 의례적 행위인 것이다. 이 의례에 예외는 있을 수 없다. 문신을 거부하면 집단으로부터의 배제될 수밖에 없다. 이런 배제는 원시 혹은 고대사회에서 개인에게 죽음보다 더한 위협이 될 수 있다. 따돌림이 얼마나 무서운 것인가를 '왕따'라는 사회적 현상을 통해 우리는 여전히 경험하고 있다. 따라서 이 문신 의례는 무의식적 욕망의 대상이 된다.

문신이 미적 대상으로 인지되는 것도 이런 과정을 밟는다. 앞에서 공리관에서 심미관으로의 발전이라는 관점에서 미용 문신을 이해한 바 있는데, 기실 심미 관념은 공리 관념과 별개의 문제가 아니다. 심미관에는 이미 공리관이 전제되어 있다. 우리가 대상을 아름답다고 인식하는 것(美)은 그 대상이 나에게 좋은 것(善)이기 때문이다. 여기서 좋다는 것은 단지 개인적 쾌감만이 아니라 개인과 집단의 생존에 도움이 되는 것을 말한다. 문신 역시 그것이 집단이나 신분을 드러내어 사회구성체 내·외부의 질서를 보여 줌으로써 개인과 집단의 생존에 도움이 되기 때문에 좋은 것이고, 조상(신)이 기대하는 것이고, 결국 아름다운 것이다.

근래 중국 민속학자 리우시앤(劉咸)의 연구보고서에 따르면 "리족의 문신에는 정형과 법칙이 있는데 부녀들이 행하고 남자들에게는 이 풍속이 없다"고 한다. 앞에서 인용한 고대의 문신 습속에 관한 자료들에서 문신은 남자가 하거나 남녀 모두 하거나 하는 것이었다. 이는 문신한 신체의 아름다움이 여성들만의 것은 아니었다는 뜻이다. 그러나 근래의 리족 사회가 여성들에게만 문신을 하게 하는 것은 리족 사회의 문신 제도가 바뀌었다는 것, 그와 아울러 문신에 대한 미의식도 전환되었다는 것을 의미한다.

이는 분명 남성 중심적 사회구조의 소산이다. 이 구조의 지속을 위해 좋은 것은 여성들을 오래된 습속의 틀 속에 묶어두는 것이다. 문신이 없는 여자는 아름답지 않기 때문에 아내로 맞이하지 않는다는 관념, 나아가 문신의 아름다움이 여성들의 고유성처럼 인식되기 시작한 것도 리족 사회의 구조적 변동에 따른 미적 감수성의 변화의 결과이다. 타이야 여성들이 아름다움을 획득하기 위해서는 얼굴 문신 이상의 문신을 해야 하고, 그렇게 하기 위해서는 최고의 베 짜는 여성이 되어야 하는 것도 그런 까닭이다. 욕망은 이런 특정한 의미체계 속에서 간접화된다. 그리고 문신을 통한 사회적 질서는 이 간접화 속에서 실현되는 것이다.

우리가 아주 이상하게 생각하는 것들이 있다. 이른바 원시 사회에서 흔히 볼 수 있었던 것, 그리고 여전히 아프리카 등지에 남아 있는 기이한 패션들, 즉 코를 꿰는 것, 귀를 처지게 늘이는 것, 아랫입술을 둥근 진흙 원반을 넣어 기형적으로 늘이는 것 또는 고리를 끼워 목을 늘이는 것 등등. 이런 행위들은 문신과 마찬가지로 넓은 의미에서 복식문화의 한 표현들이라고 할 수 있다. 그런데 우리가 의문스럽게 생각하는 것은 왜 그런 고통스러운 신체변형술이 아름다움이라는 이름으로 강행되는가 하는 점이다. 바로 이 의문에 대한 해답이 욕망의 간접화다. 문신이 습속인 사회에서 문신은 한 사회의 지배질서가 신체 위에 실현되는 방식인 것이다.

문신할 나이, 그리고 문신의 기술

문신할 나이

문신을 시작하는 나이가 반드시 정해져 있는 것은 아니다. 시기는 민족마다 지역마다 차이가 있기 때문에 일관적으로 규정할 수 있는 것도 아니다. 그러나 거기에는 대체적인 경향성이 있는 것 같다. 그리고 그 경향성이 무의미하지는 않을 것이다.

1938년 미야케 무네요시가 가고시마(鹿兒島) 현과 오키나와(沖繩) 현을 대상으로 문신 연령에 대해 조사한 결과를 보면 20세를 넘어 문신하는 경우도 있고, 아주 어릴 적에 하는 경우도 없지는 않지만 대개는 청소년기에 이루어진다는 것을 알 수 있다. 11~20세 사이에 문신을 하는 경우가 거의 90%에 이르고 있는 것이다.

요시오카 이쿠오가 아이누족의 문신 연령에 대한 연구자들의 보고 자료를 정리한 결과도 이와 유사하다. 아이누족이 문신을 시작하는 시기는 대개 5~14,5세, 완성하는 연령은 결혼을 하거나 성인이 될 무렵 혹은 20세를 전후로 한 시기로 나타난다. 중국 남서부 해남도에 거주하는 리족의 경우도 다르지 않다. 리족의 문신 시술에는 형태와 연령에 따른 규정이 있어서 12,3세에는 얼굴만을 물들이고, 16,7세가 되어 출가하면 가슴에 문신을 하고, 20여 세가 되어 남편의 사랑을 받는 부녀자들은 신체의 비밀스러운 곳에 문신을 한다고 한다.

카베자 페레이로의 현지조사 보고에 따르면 미크로네시아 포나페 섬에서는 남자는 8살 무렵부터 여자는 10~12살 무렵부터 문신을 시작하고 여자의 경우 초경이 시작하기 전에 끝맺는다. 또 팔라우 제도의 페리류 섬에서는 오르카에루라고 하는 해안에 움푹 파인 곳이 있는데 거기에 여자아이를 세우고 머리가 천정에 닿게 되면 팔꿈치에 문신을 한다고도 한다.

이런 몇몇 문신 사례들을 통해 알 수 있는 것은 문신은 아동기부터 시작하는 경우도 있지만 대개는 청소년기에 시작되어 결혼 전후에 마무리된다는 사실이다. 물론 남성 전사들의

외음부에 문신을 한
팔라우 여성의 모습.

경우 타이완이나 뉴질랜드 등에서 볼 수 있듯이 전투에서 승리하거나 적의 머리를 베어올 때마다 문신을 하는 경우도 있고 여성들의 경우 결혼 후에 음부에 문신을 하는 경우도 없지 않을 것이다. 그러나 가장 일반적인 문신할 나이는 청소년기, 다시 말해 10대라고 해도 좋을 것이다.

청소년기가 문신할 나이라는 점은 앞서 언급한 문신의 통과의례적 성격과 무관치 않다. 근대 이후 학교교육의 영향으로 그 시기가 늦어지는 경향이 있지만 10대 시기는 어느 시대 어느 사회든지 한 개인이 사회라는 구성체 속으로 입문할 때다. 이 입사식에는 문화마다 다양한 의례적 절차들이 준비되어 있지만 문신도 그 가운데 하나였을 것이다. 이 통과의례를 거쳐야만 개인은 종족의 표지를 몸에 지니게 되고, 비로소 사회적 신분을 가지게 되고, 결혼을 할 수 있는 자격이 생기고, 나아가 성인이 되는 것이다. 문신 사회에서 문신은 주민등록증과 유사한 일종의 신분증 같은 것이었다고 해도 좋으리라.

문신하는 방법

문신할 나이에 이르면 문신은 집단마다 정해진 일정한 시기에 전문가에 의해 일정한 의식에 따라 시술된다. 문신이란 단순히 피부에 무늬를 새기는 것이 아니라 입문자의 마음에 집단의 전통을 새기는 것이므로 거기에는 반드시 의례적인 절차가 동반된다. 이 문신 의례를 통해 입문자는 한 사회의 구성원으로 재탄생하게 되는 것이다. 그렇다면 문신은 어떻게 하는가? 이 책은 문신의 세부적 기술을 기술하는 데 목적이 있는 것이 아니므로 여기서는 대체적인 문신의 방법만을 언급해 두기로 한다.

조사 지역	대상 자수	8~10 세	11~15 세	16~20 세	21~25 세	26세 이상	불분명
가고시마현	227	8	74	152	8	0	4
오키나와현	64	2	2	34	18	4	4
총계	291	10	76	186	26	4	8

한자문화권에서는 문신이란 표현 외에도 경면(黥面)·자문(刺文)·자청(刺青)·조청(彫青) 등을 쓰지만 그보다는 입묵(入墨)이라는 말이 더 자주 눈에 들어온다. 입묵, 말 그대로 먹을 넣는 것인데 이 말은 문신의 방법을 잘 드러내고 있다. 문신은 피부에 의도적으로 특정한 형태(그림, 글씨, 무늬)의 상처를 내고 그 안에 물감을 집어넣는 행위를 말한다.

문신에 해당하는 영어인 Tattoo는 남태평양 타히티 사람들의 말인 Tattaw에서 온 것으로 보이는데, 이 말은 폴리네시아어로 두드리거나 때리는 것은 의미하는 어근 Ta-에서 온 것이다. 이는 아마도 동물의 뼈와 같은 뾰족한 도구에 염료를 찍어 피부를 콕콕 찌르는 것을 의미하는 말일 것이다. 유명한 제임스 쿡 선장(Captain Cook)은 자신의 글에서 동물의 뼈로 만든 작은 도구들로 몸을 찍거나 뚫어 흠집을 내고 거기에 기름기가 있는 땅콩 따위를 태운 연기를 이용해서 만든 진청색 또는

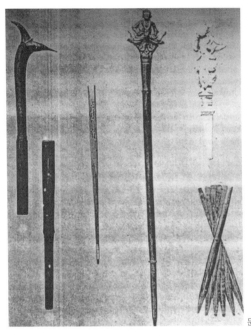

문신에 사용된 도구들.

검정색 염료를 넣는 방법을 원주민들이 Tattaw라고 불렀다고 말하고 있다.

입묵이나 타투는 모두 문신의 가장 일반적인 형식인 찌르기 문신(刺文身)과 관련된 말이다. 이 방법은 태평양지역에서 일반적일 뿐만 아니라 세계적으로 가장 널리 퍼져있는 문신기술이다. 찌르기 문신에도 세부적으로는 1)피부를 바늘로 찔러 먹을 넣는 방법, 2)칼로 먼저 피부를 절개한 후 먹을 넣는 방법, 3)피부에 먼저 먹을 칠하고 바늘로 찌르는 방법 등이 있는

데, 1)은 가장 흔한 방법이고 2)는 아이누족들이 시행하고 있는 방법이다. 3)은 1)의 변형이라고 할 수 있겠는데 알래스카의 에스키모인들이나 시베리아의 오로치족이나 추크치족 등이 이 방법을 사용하고 있다. 이 가운데 1)은 찌르기 문신을 대표하는 방법인데 오늘날에도 가장 많이 사용하는 방법이다.

찌르기 문신의 또 다른 변형이 꿰매기 문신(縫文身)일 것이다. 이것은 바늘구멍에 염료를 먹인 실을 꿰어 피부에 미리 그려놓은 문양을 꿰매나가는 방법이다. 이 방법은 에스키모족들이 여성들의 얼굴 문신에 사용하고 있고, 캐나다의 이로코이·쿠리·하이다족 등의 인디언들도 사용했던 것이다. 그러나 이 방법은 찌르기 문신에 비해 더 고통스럽기 때문에 일반화될 가능성이 적은 방법이라고 할 수 있다.

피부색이 아주 짙은 아프리카 등지의 종족들에게 피부를 찔러 염료를 넣는 방법은 별로 가시적인 효과가 없을 것이다. 이런 경우에 사용하는 방법이 흉터 문신(傷痕文身)이다. 흉터 문신은 칼로 피부에 상처를 낸 다음 상처가 아물고 나서 만들어지는 흉터로 신체를 장식하는 방식이다. 아프리카의 수단인이나 호텐토트인, 멜라네시아의 산타크루즈 섬의 원주민들이 이런 방법의 문신을 사용했다고 한다.

흉터 문신 가운데 좀더 일반적인 것은 켈로이드 형태의 상흔을 만드는 것이다. 예를 들어 중앙아메리카의 수모족이나 부리부리족은 불에 태운 송진을 상처에 발라 부풀어 오르게 하여 일종의 피부종양인 켈로이드를 만든다. 남부 멜라네시아

나이지리아 칼레리족 여성의 흉터문신.

의 뉴헤브리디스 제도에서는 별 모양으로 이런 켈로이드형 문신을 만든다고 한다. 이런 방법은 서아프리카의 반투족이나 나일 강 지역의 원주민들에게도 널리 퍼져 있었다.

찌르기·꿰매기·흉터 문신은 모두 지워지지 않는 영구적인 문신이다. 전통적인 문신 사회에서는 이런 방법이 일반적이었다. 그러나 근래 바디 페인팅과 같은 신체예술의 하나로 행해지는 일시적인 문신도 있다. 이런 한시적 문신에는 헤나(Henna) 문신이나 플라노 아트(Flano Art)라고 불리는 것이 있다.

헤나는 염료로 사용되는 식물을 말하는 것으로 인도 라자스탄 지방의 헤나가 가장 우수한 것으로 알려져 있어 헤나 문신은 흔히 인도 문신이라고도 불린다. 그러나 헤나는 실은 아랍어이고 인도말은 멘디(Mehndi)이다. 그래서 헤나 문신은 멘디 아트라는 이름으로 불리기도 한다. 헤나 문신은 헤나 염료를 사용해 몸에 문양을 그리는 것인데 2주 정도 지속된다고 한다. 플라노 아트 역시 천연 식물성 염료인 플라노를 사용하여 몸에 문양을 그리는 것이고 이것 역시 2,3주 후에는 자연

헤나 문신
혹은 멘디 아트

스럽게 지워진다.

　그러나 엄밀하게 말하면 헤나 문신이나 플라노 아트는 문신이라고 하기 어려운 측면이 있다. 물론 이들은 문신의 기능 가운데 미적인 기능을 이은 문신이지만 그것들이 지닌 한시성은 헤나 문신이나 플라노 아트를 온전한 문신의 범주에 넣기를 주저하게 만든다. 오히려 바디 페인팅과 문신의 중간쯤에 위치한 예술적 표현 양식으로 규정해 두는 것이 어떨까 한다. 바디 페인팅의 일회성과 문신의 영구성 사이에서 헤나 문신이나 플라노 아트는 인간의 표현 욕구를 자극하고 있으니까 말이다.

금지된 문신과 형벌 문신

서양의 경우

지금까지 우리는 문신이 습속인 사회의 문신에 대해 이야기했다. 문신을 하는 행위는 오늘날에도 여전히 남아 있지만 습속으로서의 문신이 지속되고 있는 것은 아니다. 문신이 습속인 사회를 문신 사회라고 한다면 문신 사회는 특정한 시기에, 다시 말해 고대나 중세시기에 소멸되었다. 물론 이 소멸이 모든 문화권에 동일하게 적용된다는 뜻은 아니다. 태평양의 무수한 섬들에 거주하고 있던 원주민들, 중국 남부나 남부아시아 지역의 소수민족들, 남북 아메리카의 인디언들 그리고 아프리카의 무수한 원주민들 사이에서는 근대 초기까지 문신 습속이 지속되고 있었다. 그러나 보편 종교를 기반으로 고대 국가를 세우거나 중세 문명을 누린 모든 사회에서 문신은 금지된다. 그렇다면 왜 그런 일이 벌어졌을까?

이야기를 그리스로부터 풀어가 보기로 하자. 그리스인들은 페르시아 사람들에게서 문신 기술을 배웠기 때문에 문신에 대해 잘 알고 있었다. 그러나 그리스 시민들은 문신을 야만스러운 행위로 여기고 있었기 때문에 장식적인 문신을 즐기지는 않았다. 오히려 그들은 노예나 범죄자들에게 문신을 했다. 그리스를 계승한 로마에도 문신이 있었지만 주로 용병들로 구성된 로마 군대에서 탈영병을 표시하기 위해 문신 기술을 사용했다. 그래서인지 그리스나 로마에서는 의사들의 문신제거 시술이 번창했다고 한다. 6세기 로마 의사 아에티우스가 쓴 의학서에 문신을 제거하는 절차가 상세하게 기술되어 있는 것도 그 때문일 것이다.

그리스나 로마인들은 문신을 계승해야 할 전통이 아니라 야만적인 것으로 인식하고 있었다. 그들이 문신을 범죄자나 노예에게 부가한 것도 그 때문일 것이다. 우리에게 이데아의 철학자로 잘 알려진 플라톤은 범죄자들에게 강제적으로 문신을 하여 공화국에서 추방시켜야 한다고 말했을 정도다. 그리스나 로마에서 문신은 형벌의 일종이었다. 그리스의 황제 데오필루스가 자신을 공개적으로 비판한 두 사제에 대한 보복으로 음탕한 내용의 시구를 이마에 새긴 것도 그런 사례일 것이다.

그리스와 로마의 문신 사례로부터 우리가 확인할 수 있는 것은 문신이 특정 시기, 특정 문화 속에서 미개하고 야만적인 행위로 인식되기 시작했다는 것, 따라서 그와 맞물려 문신이 금지와 회피의 대상이 되었다는 것이다. 이렇게 부정적인 것으로 인식되면서 문신은 이제 한 사회의 기피자들, 즉 범죄자나 노예 혹은 이단자 등의 피부 위로 옮겨갔다는 것이다. 이렇게 되면 문신은 문신한 사회의 고유한 사회적 기능을 상실하고 다른 기능을 수행하게 된다. 문신의 또 하나의 기능이라고 할 수 있는 형벌 기능은 이런 인식의 전이를 통해 탄생한 것이라고 할 수 있다.

유대 기독교적 전통 속에도 문신이 없지 않았다. 「레위기」 19장 28절을 보면 신 야훼가 모세에게 이런 말을 한다. "죽은 자를 위하여 너희는 살을 베지 말며 몸에 무늬를 놓지 말라." 이 신의 금지 명령은 역으로 유대 전통 속에 문신 습속이 있었다는 명백한 증거가 아닐 수 없다. R.W.B.스코트와 C.고취는 『예술, 성 그리고 상징』(1986)에서 태양신 바알이 그의 숭배자들에게 힘을 얻기 위해서는 손에 신의 표를 하도록 요구했다는 전승을 소개하면서 이를 셈족들에게 문신 습속에 있었다는 증거로 제시한 바 있다. 아울러 고대 이스라엘에 가까운 사람들이 죽었을 때 자신의 몸에 상처를 내어 슬픔을 표시하는 관습이 있었다는 것도 하나의 방증이 될 수 있다.

그러나 이런 관습은 「레위기」가 보여 주듯이 신의 명령을 통해 금지된다. 물론 이 신의 명령은 정치적 명령과 먼 곳에 있는 것이 아니다. B.C.7세기 이후 죽은 사람을 위해 몸에 상처를 내던 관습은 엄격히 금지된다. 그것은 이방인의 야만적인 관습이라는 것이 이유였다. "너희는 너희 하느님 야훼의 자녀이니 죽은 자를 애도할 때에 자기 몸에 상처를 내거나 눈썹 사이 이마 위의 털을 밀지 말라. 너희는 너의 하나님 야훼의 거룩한 백성이다"(신명기 14:1)라는 경전의 기록이 말해 주듯이, 특정 관습의 폐지를 통해 주변의 이방인과 자신들을 구별하여 스스로를 야훼의 백성으로 선민화하려는 구별과 배제의 논리, 선악의 이원론이 여기에 있는 것이다. 유대 기독교적 전통이 문신을 터부시했던 것은 이런 맥락이다. 그러나 유대 기독교적 전통 속에서 지속적으로 배척되었음에도 불구하고 문신의 습속은 상당 기간 지속되었던 것 같다.

"내가 내 몸에 예수의 흔적을 가졌노라"(갈라디아서 6:17)라는 바울의 편지를 해석하면서 많은 성서학자들은 흔적을 문신으로 이해한다. 이는 예수 이후에도 어떤 식으로든 유대 기독교적 전통 속에 문신 습속이 지속되었다는 증거가 아닐까? 실제로 A.D.528년에 「이사야서」의 주석을 쓴 가자(Gaza)의 프로코피우스는 많은 기독교인들이 팔에 십자가나 예수의 이름을 새기고 있었다는 기록을 남기고 있다. 오죽하면 4세기의 유명한 교회 의사 성(聖) 바실이 신자들에게 이런 권고의 말을 남겼겠는가? "누구도 머리를 기르고 문신을 하는, 음란한 생각에 빠져있는 이교도나 사탄의 제자들, 가시나 바늘로 몸에 표지하기 위해 땅에 피를 흘리는 사람들과 함께 하지 말라. 모든 음란한 자들로부터 너 자신을 지켜라."

17세기 순례자의 팔 문신. 문신 금지 이전의 기독교인들의 문신은 이런 것이 아니었을까?

문신을 한 픽트족 남녀 전사.

로마가 유럽을 지배하고, 기독교가 그 지배를 타고 유럽으로 전파되어 갔음에도 불구하고 문신은 여전히 은밀한 가운데 지속되고 있었고, 기독교의 바깥에 있던 이른바 '야만적인' 브리튼·이베리아·골·고트·튜튼·픽트·스코트 족 등은 온몸에 문신을 새기고 있었다. 마침내 787년, 당시 교황이었던 하드리아누스 1세는 니케아 공의회에서 문신을 금지하는 공식적인 결정을 내렸다. 물론 그 후에도 교황들의 문신금지령이 반복되는 것을 보면 문신의 근절은 쉽지 않은 일이었다는 것을 알 수 있다. 그러나 이 금지령으로 적어도 서구 기독교 세계에서 문신은 불순하고 이교도적인 문화의 상징이 되었던 것이다.

중국의 경우

중국에도 문신 습속이 없었던 것이 아니다. 사마천의 『사기」, 「월왕구천세가(越王勾踐世家)」를 보면 "하후(夏后)가······ 회계(會稽)에 봉해졌는데······ 문신(文身)에 단발(斷髮)을 하고 땅을 개간하여 도읍을 열었다"는 기록이 있고, 주(周)나라 태왕(太王)의 아들인 태백(太伯)이 동생인 계력(季歷)에게 왕위를 양보하기 위해 문신에 단발을 하여 자신이 쓸모 없음을 보여줌으로써 동생 계력을 피했다는 「오태백세가(吳太伯世家)」의 기사도 보인다. 이들 기록 속에 나오는 회계는 지금의 절강성 소흥과 그 인근 지역이고 태백이 세운 오나라 역시 그 지역에 있었다. 기록의 배면에 숨어있는 실상이야 어쨌든, 기록이 말하는 바는 하후나 태백이 남방으로 와서 그곳 습속을 따라 문신에 단발을 했다는 것이다. 결국 이 이야기는 중국에서 문신은 남방의 풍속이었다는 것을 말하고 있다. 중국 역사서가 말하고 있는 이들 남방의 오랑캐가 오늘날 중국 서남부의 소수민족으로 이어지고 있는 것은 말할 필요도 없을 것이다.

그렇다면 장강 이북에는, 다시 말해 소위 화하족(華夏族, 漢族)에게는 문신이 없었을까? 많은 학자들이 그렇게 보고 있지만 필자는 반드시 그렇게 생각하지 않는다. 물론 한족이 문신 습속을 가지고 있었다는 명백한 물증은 없다. 그러나 황화 유역에서 성장한 한족이 고대 저강(氐羌) 계통의 유목민과 깊은 민족적 관련이 있고, 이들 중앙아시아 스텝 지역의 유목민들이, 스키타이 문화에서 알 수 있듯이 문신 습속을 가지고 있었다면 한족 역시 그 형성의 초기에는 문신 문화를 소지하고 있었을 가능성이 높다.

이 문제를 좀더 정확히 논증하기 위해서는 중국의 형벌체계를 들여다 볼 필요가 있다. 주지하다시피 춘추전국시대 형벌체계에는 사형(死刑), 궁형(宮刑), 월형(刖刑), 의형(劓刑), 경형(黥刑)이라는 다섯 가지 형벌이 있었다. 이 가운데 경형이 바로 이마에 먹물로 글자를 새기는 형벌이다. 이미 『상서(尚書)』에 나오는 "이마에 먹물로 새기는 형벌(墨罰)에 속하는 죄가 1,000……", "신하로서 임금을 바르게 하지 못하면 묵형(墨刑)을 면치 못 한다"라는 구절을 통해 이 시기에 형벌 문신이 있었다는 것을 어느 정도 짐작할 수 있다.

그런데 우리에게 흥미로운 것은 묵형을 거론하고 있는 『상서』를 보면 「주서(周書)」 '여형(呂刑)' 편에 등장하는 절지천통(絶地天通) 사건이 소개되고 있다는 것이다. 이 사건에 대해 자세히 논의할 겨를은 없지만 간단히 말하자면 황제가 묘민(苗民)들이 마음대로 하늘에 오르내리는 것을 금하고 중려로 하여금 그 일을 대신하게 했다는 것이다. 이 짧막한 기사가 의미 있는 것은 황제와 묘민의 관계 때문인데 여기서 황제는 교화자고, 묘민은 교화의 대상이다. 가운데 있는 한족과 주변에 있는 오랑캐라는 전형적인 화이론적 구도인 셈이다.

그런데 이 관계가 한족의 문신을 따지는 우리의 작업에 요긴한 것은 악행을 일삼아 징치와 통치의 대상이 되는 묘민이 문신 습속을 가진 민족이라는 사실이다. 이 묘민은 오늘날 먀오족 등의 선조인데 「주서」는 이 묘민의 문신과 그들의 악행을 동일시하고, 나아가 그들의 문신을 형벌 문신과 동일시하는 정치적 폭력을 행사한다. 여기에는 묵형을 통해 범죄자를 배제하는 방식과 동일한 방식으로 묘민, 나아가 문신을 하는 모든 이족을 배제하고 폄하하여 교화의 대상으로 삼는다는 주나라의 정치 논리가 스며있다. 유가철학의 집성인 『예기(禮記)』가 무례한 자들을 분별하는 다음과 같은 담론의 방식 역시 마찬가지이다.

> 동방의 오랑캐를 이(夷)라고 하는데 피발(被髮)에 문신을 했으며 화식(火食)을 하지 않는 사람이 있다. 남방의 오랑캐를 만(蠻)이라고 하는데 이마에 먹물을 넣어 새기고 두 다리를 엇걸고 자며 화식을 하지 않는 사람들이 있다.(『예기(禮記)』, 왕제(王制))

이런 화이론의 담론 속에는 이미 중국·사이, 화식·생식, 비문신·문신 등의 이원론이 전제되어 있고 이 이원론 속에서 후자, 즉 이(夷)에 속한 것은 전자에 대해 열등한 가치라는 우열론이 숨어 있다. 이런 우열론 속에서 중국은 사방의 이족을 예(禮)로서 가르쳐야 한다는 교화론도 등장한다.

그런데 이런 화이론은, 『상서』가 「주서」에서 그 기사를 다루고 있는 것을 통해 알 수 있듯이, 주나라에 그 기원이 있다. 주나라가 어떤 나라인가? 바로 B.C.11세기에 동이족의 국가였던 은왕조를 몰아내고 황하지역을 차지한 소위 화하족이 세운 나라였다. 주나라는 주변 지역을 다스리며 봉건제를 수립해가는 과정에서 천명론이나 화이론을 내세운다. 말하자면 중심과 주변의 관계를 통해 통치질서를 만들어 갔던 것이다. 그런데 내가 중심이 되고 네가 주변이 되려면 뭔가 구별의 표징이 있어야 한다. 필자는 그 표징의 하나가 문신이라고 생각한다. 문신을 한 주변의 오랑캐와 문신을 하지 않은 자신들을 대립시켜 자신들을 우월한 민족으로 상정하려고 했던 것이다.

한족의 문신 문화는 이 과정에서 소실된 것이 아닐까? 필자는 그럴 가능성이 있다고 생각한다. 춘추전국시대에 묵형이 있었다는 것은 거꾸로 보면 그들도 문신 기술을 전승하고 있었고 어느 정도 문신 문화도 가지고 있었을 것이다. 그러나 문신이 범죄자나 오랑캐의 표상이 되는 주나라의 문화적 풍토 속에서 문신은 숨겨지고 점차 잦아들 수밖에 없었던 것이 아닐까?

이런 방식은 앞에서 살폈듯이 자신들도 문신 습속을 가지고 있었음에도 불구하고 야훼의 명령을 통해 문신을 금지하고 그 금지를 통해 가나안 사람 등 문신을 하던 주변의 '악한' 백성들과 자신들을 구별하던 유대인의 방식과 다르지 않다고 생각한다. 차이를 통해 스스로의 우월감을 확인하고 그 확인을 통해 민족적 정체성을 만들어가는 방식은 동서가 다르지 않았던 것이다.

그러나 중국에서도 문신은 쉽게 근절되지 않는다. 문신이 형벌의 상징이 되고, 유가들의 인간관에 근거한 통치철학이 문신을 금했지만 문신은 당송시대를 거쳐 명나라 시기에 이르기까지 사라지지 않고 지속되었던 것으로 보인다.

먼저 『수호지』에 그 증거를 찾을 수 있다. 이 소설에 등장하는 영웅들 가운데 사진(史進)은 몸에 아홉 마리의 용을 새기고 있었기 때문에 별명이 구문룡(九紋龍)이고, 노지심(魯智深)은 등에 꽃을 새기고 있었기 때문에 별명이 화화상(花和尙)이었다. 이는 중국에서도 문신은 그것이 금지되고 나아가 형벌이 되면서, 서양의 경우와 마찬가지로, 범죄자들 사이에서 오히려 유행하는 문화가 되었다는 것을 말해 준다. 그리고 꽃이나 용을 몸에 새길 만큼 뛰어난 문신 기술이 은밀하게 전승되고 있었다는 것을 시사해 준다. 이런 현상은 마치 서유럽에서 문신이 그리스 시대부터 터부시되고 중세에 와서는 금지령까지 내렸지만 완전히 사라지지 않고 지속된 것과 같은 것이다.

다음과 같은 기록도 또 하나의 증거가 될 수 있다.

어렸을 적 지금의 회성(會城)에 머무는 손님 가운데 손록(孫祿)이란 자가 있었는데 부자, 형제간에 모두 두 팔, 등, 발에 꽃과 풀, 호로(葫蘆) 그리고 새의 형상이 새겨져 있었다. 그런데 국법이 엄히 금하기 때문에 모두 보이지 않게 숨기고 있었다. 누군가 옷을 벗으라고 하니 역력히 보이는데 다섯 가지 무늬로 메워진 것이 분명하여 볼 만했다. 까닭을 물으니 대답하길 "바다 속에 들어가 해산물을 따는 사람은 반드시 문신을 해야 합니다. 그래야 교룡(蛟龍)의 해를 피할 수 있습니다"라고 하였다.(『유청찰기(留靑札記)』)

이 자료는 명대(明代)의 것인데 짤막한 기록이지만 몇 가지

정보를 가지고 있다. 먼저 문신을 국법이 엄히 금하고 있었다는 것이다. 그런데 이 국법은 오히려 명나라 시대에도 여전히 한족들 사이에 문신이 있었다는 유력한 증거일 수 있다. 손록과 그 가족의 문신이 명대 문신의 실상을 잘 보여 준다. 또 하나는 이들의 문신 습속에 '교룡의 해' 운운하는 데서 알 수 있듯이 이 지역에 내려오던 오래된 전통이었기 때문에 금지에도 불구하고 그것이 은밀하게 전승되었다는 사실이다. 아마도 손록의 가족들은 그들이 살고 있던 중국 남부 광동성 회성지역 소수민족들의 문신에 영향을 받았을 것이다. 셋째 정보는 이들의 문신이 보여 주는 다양한 형상이다. 이것은 이미, 이 지역 소수민족들이 지금도 보여 주고 있는 선이나 점을 이용한 기하학적 문신과 다른 형태이다. 이들이 문신을 통해 교룡의 피해를 피한다는 말을 하고는 있지만 화초나 새와 같은 다양한 형상은 이들의 문신이 이미 종족이나 신분을 표현하는 집단적인 차원을 벗어나 미적 차원으로 전이되었다는 것을 뜻한다. 그리고 동시에 구문룡이나 화화상의 예에서 알 수 있었던 것처럼 상당한 문신 기술이 전승되고 있었다는 것을 알 수 있다.

일본의 경우

조몽시대에서 야요이·고분시대를 거쳐 지속되어 오던 일본의 문신에 관한 자료나 기록은 나라시대에 이르면 소실된다. 그 후 일본의 문신은 17세기 에도시대에 부활하기까지 천여 년 동안 거의 자취를 감추게 되는 것이다. 여기에는 물론 중국의 문화와 제도를 수용한 일본의 문화정책의 영향이 적지 않게 작용했다.

주지하다시피 일본은 7세기 말에서 9세기 초에 걸친 나라시대에 백제나 당과의 활발한 교류를 통해 대륙의 문화와 제도를 수용하여 강력한 중앙집권적 정치체제를 마련한다. 이 시기를 율령시대라고 하는 것도 그래서 붙여진 이름이다. 이는 다시 말하면 이 시기에 유가적 신체관에 따라 문신이 부정적인 것으로 인식되어 금지되었을 가능성이 높다는 것이다. 그리고 금지와 더불어 문신은 범죄자에 대한 형벌로 재규정되었을 것이다.

그것을 잘 보여 주는 것이 720년 편찬된 역사서 『일본서기(日本書紀)』이다. 이 책에는 "너는 국가에 대한 반역의 음모를 꾸몄다. 그 죄는 사형이다. 그러나 큰 자비를 너에게 베풀어 사형을 문신형으로 감한다"라는 기록이 등장한다. 천황이 반역을 꾀한 무라지 하마코에게 하는 말 가운데 문신형이 나오는 것을 보면 이 시기에 이미 문신이 형벌의 하나로 율령체계 속에 자리 잡았다는 것을 알 수 있다.

범죄 회수에 따라 글자를 만들어 가는 형벌 문신의 모습.

그러나 문신이 금지되었다고 해서, 그리고 그것이 형벌의 징표가 되었다고 해서 문신이 완전히 사라지지는 않았을 것이다. 『음덕태평기(陰德太平記)』 등의 문헌에 따르면 1587년 도요토미 히데나가(豊臣秀長)가 휴우가의 고성(高城)을 공격했을 때 공격을 막던 적군 500여 명이 죽었는데 그들은 모두 양 팔뚝에 '아무개 나이 몇 살 아무 달 아무 날에 죽는나'라고 새겨져 있었다고 한다. 이는 분명 문신이 일본 남부의 사쓰마 지역에 남아 있었다는 명백한 증거라고 할 수 있다.

사쓰마 지역에 문신이 어떻게 남아 있었는지에 대해서는 중국 문신 습속의 이입, 여성의 문신 습속이 남아 있던 류큐 문신의 영향, 지역적 후진성에 의한 고대 습속의 보존 등의 견해가 있다. 그리고 습속으로서의 문신은 사라졌지만 개별적으로 남아 있던 일본 문신 문화의 결과라고 보는 경우도 있다. 이들 가운데서 어느 것이 맞는지는 쉽게 판단하기 어렵다. 원인은 좀더 복합적일 것이다. 그러나 금지가 되고, 형벌의 표징이 되었음에도 불구하고 문신이 부분적으로 지속되었다는 사실을 확인하는 데는 아무런 어려움이 없다. 중세 일본의 문신 역시 금지, 형벌 문신으로의 전이에도 불구하고 끈질기게 지속되고 있었다는 것을 알 수 있다.

한국의 경우

우리는 앞에서 삼한에 문신 민속이 있었다는 사실을 확인한 바 있다. 그런데 삼한의 문신 습속은 고대나 중세사회로 이어지지 못한 것 같다. 거기에는 분명 민속의 단절이 있다. 그러나 『삼국사기』나 『삼국유사』 등 우리의 옛 문헌은 문신의 존재에 대해 어떤 정보도 제공하지 않는다. 문신이 다시 문헌에 등장하는 것은 『고려사』에 와서인데 이때 문신은 이미 민속이 아니라 법제였다. 삼한의 문신 민속은 언제, 어떤 이유로 단절되었을까?

먼저 생각해봐야 할 기록이 고려에 사신으로 왔던 송나라의 서긍이 쓴 『고려도경(高麗圖經)』이다. 서긍은 고려의 풍속에 단발문신(斷髮文身)이 있었는데 일찍이 기자(箕子)의 교화로 그런 풍속이 사라졌다는 취지의 보고를 하고 있다. 물론 서긍이 들은 단발문신이라는 풍문에는 앞에서 인용한 『예기』의 기록에서 알 수 있듯이 중화주의적 혐의가 있기 때문에 사실로 받아들이기는 어렵다. 그러나 고조선에 8조 금법과 같은 형법제도가 있었다는 사실은 고조선사회가 문신을 허용하지 않았을 가능성이 있다는 것을 짐작케 해준다. 물론 이 시기 한반도 남부에는 문신 습속이 있었을 것이고 그것이 삼한의 문신 습속으로 이어졌을 테지만 말이다.

그런데 삼한 이후 등장한 삼국에 문신 습속이 있었다는 기록은 어디에도 없다. 이는 아마도 삼국사회에 실제로 문신 습속이 없었기 때문일 터인데 그 이유에 대해 필자가 생각하는 것은 두 가지다.

하나는 문화의 습합이다. 주지하다시피 한국의 고대 삼국은 도래계가 토착계를 정복하고 통합하는 방식으로 형성되었다. 백제는 한강 유역의 토착세력과 고구려 계통의 유이민세력이 결합하여 발전한 경우이고, 진한 소국의 하나인 사로국으로 출발한 신라는 경주지역의 선주민집단과 박·석·김 세 성씨로 대표되는 유이민 집단이 결합하여 성장한 경우이다. 그런데 도래계는 북방계이고 이들은 고조선 사람들과 마찬가지로 이미 문신 습속을 지니지 않은 집단이었을 것이므로 이들의 지배 하에서 상대적으로 문화적 역량이 약한 토착세력들이 자신들의 문신 습속을 유지할 힘은 없었을 것이다.

다른 하나는 중국의 영향이다. 삼국은 건국 후 일정한 시기가 되면 국가제도를 정비하고 율령체계를 세운다. 그 안에 복식에 관한 규정도 마련되는데 예를 들어 신라의 경우 진덕왕 3년(649)에 김춘추가 입당하여 당의(唐儀)를 들여왔다는 『삼국사기』의 기록이 있다. 이 복색의 규정 속에 문신의 폐지가 포함되었는지에 대해서는 알 수 없지만 당의 의례를 기준으로 삼았다면 문신은 허용되지 않았을 것이다.

이런 과정을 거쳐 습속으로서의 문신은 단절되었을 테지만 중국이나 일본과 마찬가지로 우리의 문신도 형벌의 형식으로 다시 돌아온다. 그러나 삼국시대에 형벌 문신이 있었다는 기록은 없다. 아래 자료를 신뢰한다면 형벌 문신이 도입된 것은 아마도 고려시대일 것이다.

도둑질을 하여 유배한 곳에서 도망한 자는 얼굴에 글자

를 새기고(鈒面) 형기가 끝난 뒤에는 먼 땅(遠陸)의 주현으로 유배한다.(『고려사(高麗史)』권85, 형법지(刑法志)2, 도적(盜賊))

이 자료를 보면, 묵형은 쉽게 부과하는 것이 아니라 유배자가 다시 도주했을 때 일종의 가중처벌법의 형식으로 가해지는 것을 알 수 있는데 그것은 분명 형벌 문신이 지닌 부정적 무게 때문일 것이다. 어쨌든 묵형을 규정하고 있는 고려의 형법은 『경원조법류(慶元條法類)』·『송회요(宋會要)』등에 보이는 경면(黥面), 자면(刺面) 등과 유사한 것으로 보아 송대 형법 체계를 수용한 것으로 생각되는데, 이런 고려의 형벌 문신은 『경국대전(經國大典)』등을 보면 알 수 있듯이 조선에도 그대로 계승된다.

사형에 처하지 않는 강도는 법조문대로 처결한 뒤 몸에 강도라는 두 글자를 먹물로 새겨 넣으며 두 번 범하면 교형에 처한다.(『경국대전(經國大典)』권5, 형전(刑典), 장도(贓盜)』)

오철은 의주에서 소를 훔치다가 잡혀 귀를 베이었고 다음에는 의복과 말을 훔쳐 도망쳤으나 추적에 의해 잡혀 얼굴에 자자(刺字)를 당했다.(『조선왕조실록(朝鮮王朝實錄)』, 태종(太宗) 6년)

여기서는 형벌 문신의 구체적 사례로 의주에 살던 말(馬)

노비 오철의 경우 하나만을 들었는데 문신형과 관련된 자자(刺字)나 경면(黥面)이라는 말이 『조선왕조실록』에는 적지 않게 등장한다. 그만큼 이 시대에는 묵형을 당한 범죄자들이 드물지 않았다는 말이겠는데 이는 몸을 훼손하지 않는 것을 효의 시작(身體髮膚受之父母, 不敢毁傷孝之始也)으로 강조한 조선사회에서 일종의 저주이고 천형이었을 것이다. 지금 우리가 가지고 있는 문신에 대한 부정적인 이미지의 기원은 여기에 있다. 문신이 집단의 습속이 아니라 불효와 범죄자의 표상이 되면서 문신은 사악한 이미지의 덧옷을 입게 된 것이다.

그러나 습속으로서의 문신은 사라졌을 테지만 형벌 문신 외에도 문신은 사적 차원에서 은밀하게 이어졌을 가능성도 없지 않다. 예를 들어 『조선왕조실록』을 보면 성종 11년 조에 어을우동이라는 여자가 정이 두터운 남자들의 팔뚝이나 등에 문신을 했다는 기록이 있다. 어을우동은 간통 행적으로 인해 교수형을 당했지만 이런 사례를 보면 남녀 간의 정을 확인하기 위한 문신이 조선시대에도 은밀하게 시행되고 있었다는 것을 알 수 있다.

지금까지 우리는 문신이 언제 어떻게 금지되었는지, 그리고 그와 함께 형벌 문신이 어떻게 나타나는지에 대해 개괄적으로 살펴보았다. 이런 개괄은 우리를 문신 금지는 고대의 종교나 철학의 보편적 윤리학이었으리라는 추론으로 인도한다. 그리고 그 윤리학은 특정 문화가 보편 문화로 발전하는 과정에서 자신들과 적대 관계에 있던 주변의 문화와 자신들을 구별하여

자신들의 우위를 내세우는 과정에서 발생한 것이었다는 사실
도 알게 해주었다. 결국 선민의식을 내세웠던, 따라서 문신을
금지했던 유대 기독교적 전통이나 중화적 전통이 문화의 중심
을 형성한 중세를 거치면서 문신은 열등과 미개의 표상이 된
것이다.

문신의 귀환

일본 문신의 부활

고대와 중세를 거치면서 엄격한 금지의 대상이 되었던 문신은 중세가 저물면서 서서히 되살아나기 시작한다. 그것은 마치 고대와 중세를 거치면서 시들어 버렸던 원초적 감성이 다시 생기를 되찾은 것이라고 해도 좋을 것이다. 유럽에서 아메리카에서 그리고 일본 등지에서 그런 흐름은 서서히 물줄기를 만들기 시작한다. 그 후 이 물줄기는 20세기를 거치면서 특히 서구사회에서 중요한 문화 현상의 일부로 자리잡게 되었고 서구적인 것들의 세계화와 함께 이제는 우리의 눈앞에서 대중화된 패션의 일부로 흘러 다니고 있다.

문신의 귀환에 대한 이야기는 일본에서부터 시작해야 한다. 일본은 그 귀환의 첫머리에 있을 뿐만 아니라 유럽의 문신에도 적지 않은 영향을 행사했기 때문이다. 앞에서 일본의 문신은 7세기에 이르러 배척되기 시작한다고 말한 바 있다. 그 후 1,000여 년 동안 일본 문신은 어둠 속에 갇혀 있었다. 물론 이 시기에도 문신이 전혀 없었던 것은 아닐 것이다. 그러나 그런 기록은 보이지 않는다. 그러다가 17세기 초, 에도시대에 유녀(遊女)들 사이에 문신이 있었다는 기록이 갑자기 나타나게 되는데 여기에 대해서는 여러 가지 설이 있다. 그 가운데 가장 유력한 설은 1609년 사쓰마 번이 류큐(오키나와)를 공격하여 지배하에 두었는데, 그 후 류큐 여성들의 손등 문신 풍속이 사쓰마를 통해 일본 본토로 흘러 들어와 유녀들 사이에 전파되었고, 그것이 문신 부활의 중요한 계기가 되었다는 것이다.

　이렇게 돌아온 문신이 꽃을 피우기 시작한 것은 18세기 중반 이후이다. 에도시대 초기에는 유녀들이 애인의 이름을 새긴다거나 무사들이 나무아미타불 등을 새기는 등 문자가 많았지만 18세기 중반 무렵부터 그림 문신이 증가하게 되는데 여기에는 1757년에 처음으로 번역된 중국 소설 『수호지』의 영향을 빼놓을 수 없다. 특히 1805년에 간행된 『신편수호전(新編水滸傳)』이 대중적 인기를 얻었는데 더 인기가 있었던 것은 이 번역서 안의 삽화였다고 한다. 이 삽화 속에서 유명한 사진·노지심·무송 등의 영웅들은 대부분 일본풍의 용 문신을 하고 있었던 것이다. 오늘날 야쿠자의 문신도 상당 부분 이들

수호전의 영웅
구문룡 사진의 삽화.

의 영향 안에 있다.

　유행이 지나치다고 판단한 막부는 1811년 문신을 금지한
다. 물론 명분은 문신이 민중의 도덕을 해친다는 것이었지만
사실은 문신을 통해 표현되는 반사회적인 혹은 체제에 반하는

불온한 에너지를 금지를 통해 억제하려는 것이었다. 이런 식의 금지는 메이지시대인 1872년에는 조례로 1880년에는 형법의 조항으로 등재되고, 1908년에는 처벌령으로 반복되고 있지만 이미 유행이 되어 있는 것을 금지를 통해 폐지하기는 어려웠다. 막부의 노력에도 불구하고 문신은 특히 하층계급에 있는 사람들 사이에 널리 퍼져나갔고 범죄조직인 야쿠자들도 그 안에 있었다. 유럽이 일본의 문신과 만난 것은 바로 일본의 문신이 화려하게 꽃을 피우던 무렵이었다.

근대 유럽과 미국의 문신

유럽에서 문신이 가장 화려한 꽃을 피운 것은 19세기 영국이었다. 영국 근대 문신의 유행은 쿡 선장의 탐험여행에서 비롯되

요크 공작이 요코하마에서
문신을 하는 모습.

었고 그 후 영국 해군들 사이에 문신이라는 새로운 습속이 형성되었다. 18세기 중엽에는 이미 영국 대부분의 항구에 적어도 한 명 이상의 문신 전문가가 있었다고 한다. 그리고 드디어 1862년 웨일즈의 왕자(후일 킹 에드워드 7세)가 성지를 방문했을 때 팔에 십자가를 새기면서부터 영국의 문신은 왕의 재가를 얻게 된다. 에드워드 7세의 아들인 클로렌스 공작과 요크 공작(후일 킹 조지 5세)은 1882년 일본에 갔을 때 아버지의 뜻에 따라 팔에 용 문신을 하게 된다. 이 문신은 당시 일본의 유명한 문신 예술가인 호리 치요가 한 것이다. 그 후 문신은 영국인 부자들과 해군장교들 사이에서 크게 유행하게 된다. 그리고 이 유행은 19세기 말에 미국으로까지 확산된다.

미국에서의 문신 역시 군인과 선원들을 통해 확산되었다. 스티브 길버트에 따르면 미국 문신에 관한 가장 오래된 기록은 19세기 초반 선원들이 쓴 항해일지나 편지 혹은 일기 속에 남아 있다고 한다. 그 가운데 1840년대에 미국 해군의 프리기트 함을 탔던 허만 멜빌의 기록에 따르면 동료들 가운데 뛰어난 문신 기술자들이 있어 연장과 염료로 가득 찬 가방을 가지고 다녔으며 문신 가격은 비싼 편이었다고 한다. 이런 기록은 미국의 문신 역시 태평양의 섬이나 일본으로부터 선원과 군인들을 통해 전수되고 확산되었다는 것을 이야기해준다. 19세기 말 문신 스튜디오를 운영하고 있었던 새무엘 오렐리가 일본의 문신 대가 호리 토요를 영입했다는 사실도 미국 문신의 정체를 확인하는 데 도움이 된다.

문신의 유행에 대해
소개한 1897년 12월
12일자 「뉴욕 헤럴드」.

그 후 미국에서 문신은 문신의 속도를 높이는 전기문신기계를 만들 정도로 번창하는 사업이 되었고, 이 유행은 결국 1900년에 무렵에는 미국의 모든 주요 도시에 문신 스튜디오가 생겨날 정도로 확산된다. 그림에서 보듯이 당시 신문들의 보도가 문신의 유행을 잘 확인해준다. 그리고 두 차례에 걸친 세계대전은 문신을 군인들 사이에 더욱 확산시켰고 루 알버츠와 같은 대중적인 문신 디자이너나 찰스 와그너와 같은 문신 예술가를 낳았다.

프랑스에서도 19세기 초반에 문신이 선원이나 노동자들 그리고 죄수들 사이에 퍼져나갔고 그 수용의 경로 역시 영국과 크게 다르지 않다. 그러나 영국에서 문신이 왕과 상층 귀족들 사이에 수용되었던 것과 달리 프랑스의 중상류 계층에서는 문신을 그리 달가워하지 않았다. 그것은 무엇보다도 미신이거나 이교도의 관습이었고, 따라서 자신들의 품위를 손상시키는 것으로 인식하고 있었기 때문이다. 물론 이 인식에는 문신을 금지했던 가톨릭 교회의 영향이 지대했다. 그리고 문신에 의한 전염병의 위험을 경고한 의사들의 역할도 적지 않았다.

그러나 프랑스 사회에서 문신이 완전히 추방되었던 것은 아니었다. 특정 대상이 금지가 되면 그 금지가 욕망을 만들 듯이 문신이 사회적으로 금기시되자 금지가 문신을 낳았고 19세기 후반 문신은 죄수들 사이에 널리 확산된다. 우리가 잘 알고 있는 빅토르 위고의 소설 『레미제라블』에서 장발장은 법정에서 자신이 감옥에 있을 때 알았던 두 죄수의 문신을 정확하게 묘사하여 자신의 정체를 증명하고 있다. 프랑스에서 문신이 죄수들 사이에서 널리 유행하고 있었다는 증거의 하나일 수 있다고 생각한다.

새로운 종족의 출현과 문신이라는 패션

나는 새긴다. 고로 존재한다

오늘날 문신은 더 이상 낯설지 않은 문화 현상의 일부가 되었다고 할 수 있다. 물론 여전히 문신은 우리의 안팎에서 뭔가 '불순한' 혐의를 뒤집어쓰고 있는 것이 사실이다. 그러나 문신이 그 혐의의 굳은 피부를 밀어내고 새살처럼 대중들에게 다가오기 시작한 것도 사실이다. 우리는 그 지표를, 더 이상 낯설지 않은 경기장의 바디 페인팅이나 헤나 문신 혹은 플라노아트에서 그리고 인터넷 안에 형성된 문신동호인 모임이나 문신 사이트 등에서 만날 수 있다. 여전히 강력한 유가적 신체관이 지배하고 있는 한국사회에서도 이런 흐름은 더 이상 남의 이야기가 아니다.

이 같은 현대사회의 문신 현상을 우리는 어떻게 이해해야 하는가? 이 질문에 적절히 답하기 위해서는 앞에서 정리한 문신의 사회적 기능들로 되돌아가 볼 필요가 있다. 오늘날 문신은 어떤 사회적 기능을 수행하고 있으며 그것은 과거 문신 습속이 유지되던 사회의 기능과 어떻게 같고 다른가? 이렇게 물음을 던져야 작금의 문신 현상에 대한 적절한 이해에 이를 수 있을 것이다.

물론 문신의 사회적 기능 가운데 오늘날 더 이상 의미가 없는 것도 있다. 형벌 문신이 그런 것이다. 이제 어느 나라에서도 문신을 형벌로 채택하고 있지는 않다. 아직도 신체형이 이슬람 국가들에 일부 남아 있지만 문신은 그렇지 않은 것 같다. 사실 점점 발전해가고 있는 레이저 성형기술 때문에 문신은 더 이상 형벌 효과가 없게 된 셈이다.

주술적 기능처럼 과거에 비해 약화되었지만 그래도 지속되고 있는 기능도 있다. 특히 서양의 직업적인 운동선수들의 경우 항상 승패의 긴장 속에서 살기 때문에 문신을 통해 승리를 기원하거나 문신이 승리를 가져온다고 믿는 경우가 적지 않다. 그 외에도 개인적인 차원에서 병이 낫기를 기원하거나 액을 물리치기 위해 부적을 하듯이 종교적 상징물을 새기는 경우도 있다. 그러나 이런 문신은 더 이상 집단적인 습속이 아니며 새기기의 주술적 효과에 대한 믿음 역시 문신한 사회에서의 그것과 적지 않은 차이가 있을 것이다.

문신의 사회적 기능 가운데 오늘날 가장 두드러진 것은 아무래도 미적 기능일 것이다. 여성들은 아름다움을 표현하기 위해 눈썹 문신을 한다. 아이 라인을 그리고 입술에도 선을 새겨 넣는다. 이런 새기기는 더 이상 문신이라고 느껴지지 않을 정도로 일반화되었지만 그것은 사모아 여성들의 넓적다리 문신이나 리족 여성들의 얼굴 문신과 결코 먼 거리에 있는 것이 아니다. 영구적인 문신은 아니지만 헤나 문신이나 플라노 아트라고 불리는 것들도 역시 아름다움을 추구하는 것이다.

물론 문신 사회에서 문신은 단지 미적 기능만을 수행한 것이 아니었다. 그것은 동시에 집단과 신분을 드러내는 표지이기도 했고 개인의 능력을 표시하는 상징이기도 했다. 이런 사회에서 아름다움이란 단지 장식적인 것이 아니라 정체성이나 능력과 연관된 아름다움이었다. 헤나 문신 역시 발상지인 인도에서는 귀신을 쫓는 주술적인 기능과 연관되어 있었다. 그러나 비문신 사회인 현대 사회에서 눈썹 문신이나 헤나 문신을 포함한 다양한 문신은 단지 미적 기능만을 수행한다. 그리고 문신이 미적 기능만을 수행하는 한 문신은 이미 패션의 일부가 되었다고 해도 좋을 것이다.

문신이 한국사회의 새로운 세대들에게 아름다운 것으로도 받아들여지고 있다는 사실은 중요한 의미를 지닌다. 앞에서도 언급한 바 있듯이 조선조 이래 한국인들의 신체관을 지배하고 있던 것은 유교의 윤리관이었다. 부모로부터 받은 몸을 훼손하지 않는 것이야말로 효의 시작이라는 몸에 대한 인식은 제국주의자들의 단발령에 맞서 '내 머리는 잘라도 머리카락은 못 자른다'는 선언을 낳기도 했다. 머리카락도 함부로 못 자르는데 몸에 피를 흘리며 무늬를 새기는 일은 상상할 수조차 없는 일이었을 것이다.

그런데 그런 문신이 오히려 아름다움으로 인식되고 있다는 것은 중세 이래 한국사회를 감싸고 있던 유가적 윤리의 표징들이 우리의 신체에서 지방이 분해되듯 빠져나가고 있는 증거로 해석해도 좋을 것이다. 물론 문신만이 그런 증거는 아니다. 형형색색으로 머리를 물들이는 것, 코나 귀나 배꼽 같은 부분을 꿰는 것, 그런 몸을 감싸고 있는 옷 등등도 같은 맥락이다. 고전적 신체관의 외부에서 신체장식술과 신체변형술을 통해 새로운 세대들은 자신들이 인터넷 게임에서 무수히 되고 있는 '종족'들 중의 하나로 재탄생하고 있는 중인지도 모른다.

이와 관련하여 주목해봐야 할 것이 종족표지기능이다. 앞에서 살폈듯이 문신 사회에서 문신은 같은 혈족이나 친족 혹은 부족을 표시하는 사회적 장치였다. 문신 사회에서 문신은 한 개인이 신체의 고통을 지불하면서도 반드시 획득해야만 하는 통과의례와 같은 것이었다. 그래서 문신 사회에서는 문신을 하지 않은 사람이 사회적 일탈자가 되고 외부자가 되는 것이다. 그러나 문신 습속이 없는 사회, 곧 비문신 사회에서 문신은 정반대의 의미를 지닌다. 어떤 집단성을 표현한다는 점에서는 다를 바 없지만 그 안에 내포된 의미는 전혀 다른 것이다.

우리는 앞에서 고대 혹은 중세사회에서의 문신 금지에 대해 살펴본 바 있다. 문신은 금지의 대상이 되는 순간 사회적 일탈자의 표상이 된다. 범죄자에게 부가한 형벌 문신도 그 표상의 제조에 일조를 했을 것이다. 우리는, 일본의 사례에서 확인할 수 있듯이, 묵형을 당한 이들이 형벌의 표시를 지우기 위해 그 표시를 더 큰 문신으로 뒤덮었다는 것을 알고 있다. 문신은 고대와 중세 문명을 통과하면서 이렇게 금지를 통해 반사회적 이미지를 얻게 된 것이다. 문신이 법적 금지의 대상은 아니지만 문신에 대한 터부가 여전히 위력을 발휘하고 있는 현대 사회에서 문신의 의미 역시 크게 다르지 않다.

오늘날 문신업자의 주요 고객은 누구인가? 먼저 생각해 볼 수 있는 이들이 범죄조직의 구성원들이다. 주지하다시피 이들은 문신을 통해 집단의 구성원임을 서로 인증한다. 그리고 이미 형성되어 있는 문신 이미지를 이용해 타인을 위협하는 수단으로 사용하기도 한다. 이들에게 문신은 종족의 표지이면서 동시에 무기의 하나이다. 텔레비전이 가끔씩 보여 주는 조직원들의 등 문신이 그들이 사용하던 무기와 나란히 전시되는 것도 그 때문일 것이다. 그러나 여기에서의 종족은 혈족이나 친족이 아닌 동일한 가치 지향을 지닌 집단으로서의 종족이다.

오늘날 다양한 분야에서 활동하는 예술가들도 문신을 한다. 그들은 자신의 몸을 예술적 영감의 표현 매체로 삼는 경우도 있고 자신들이 추구하는 세계나 미감을 드러내기 위해 문신을 하기도 한다. 가수, 영화배우, 스포츠 선수 등 대중문화의 스타들도 문신의 주요 고객들이다. 물론 이들은 자신들이 특정

집단의 일원임을 드러내기 위해 문신을 하는 것이 아니라 과시욕과 같은 무의식적 욕망을 드러내기 위해 문신을 한다. 그러나 이들을 바라보는 사회는 이들을 어떤 집단으로 동일시하여 이해하려는 경향이 있다. 우리가 이들을 새로운 종족으로 보는 것도 그 때문이다. 그리고 이들을 동경하는 청소년들도 이즈음 문신의 대열 속으로 뛰어들기 시작했다. 문신을 함으로써 자신들의 '영웅'들과 동일시되려고 하는 것이다. 문신을 하나의 유행으로 만드는 것도 이들의 힘일 것이다.

그런데 조직원들의 문신이든 대중문화 스타들의 문신이든 그것은 인간이 지닌 일탈적 욕망의 표현이라는 점에서는 다르지 않은 것 같다. 비문신 사회에서는 문신을 하지 않는 것은 정상, 문신을 하는 것은 비정상으로 인식된다. 비문신 사회에서 문신을 하는 사람들은 그들을 향한 소위 정상인들의 곱지 않은 시선이 있으리라는 것을 의식하고 있음에도 불구하고 문신을 한다. 이는 문신이 정상인들로 구성된 질서 있는 사회를 향한 저항이나 문제 제기가 될 수 있다는 것을 뜻한다. 법질서 위에 구축된 사회를 향해 대단히 '위험한 문제 제기'를 하는 범죄자들과 문신이 가까

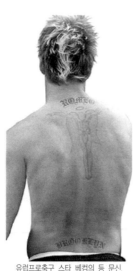

유럽프로축구 스타 베컴의 등 문신.

운 이유, 예술가들 가운데 특히 전위적인 작업을 하는 사람들이나 헤비메탈과 같은 프로그레시브 뮤지션들과 문신이 친근한 까닭도 여기에 있을 것이다.

비문신 사회에서 문신이 지닌 이런 의미는 문신이 대부분 청소년기에 이뤄진다는 사실과도 의미론적 연관이 있다. 문신자들을 대상으로 한 설문조사결과를 보면 외국의 사례나 우리의 경우나 문신은 대부분 청소년기에 이뤄진다. 이는 문신 사회에서 문신이 이뤄지는 나이와 대체로 같지만 그 동기는 아주 다르다. 미용 문신이나 범죄조직원임을 표시하는 문신의 경우를 제외하면 이들의 문신은 대부분 삶의 불안감과 긴밀한 관련이 있다. 이들은 많은 경우 술김에, 심심해서, 화가 나서, 삶에 대한 절망감으로, 가정불화로 인한 불만으로 혹은 사랑이나 금연과 같은 서약을 위해 문신을 한다. 여기에 최근의 경향으로 추가할 수 있는 것이 스타들의 문신에 대한 모방이나 징집 기피를 위한 문신이다. 왜 이들은 피를 흘리며 몸에 영구적인 흔적을 남기려고 하는 것일까?

이것은 청소년기가 심리적 불안의 시기이면서 그 불안을 넘어 한 개인의 사회적 정체성을 구성해가는 시기라는 점과 무관치 않다. 불안에서 벗어나려면 어딘가에 소속되어야 하고 자신의 정체성을 구성해줄 수 있는 어떤 삶의 모델이 있어야 한다. 물론 우리들 대부분은 이 시기를 문신 없이도 '무사히' 통과해 간다. 다시 말해 일탈적 욕구를 '억제'하면서 별 문제 없는 일상인이 되어가는 것이다. 그러나 이런 일상인 되기에 어려움을 겪는 경우도 없지 않다. 이런 젊은이들에게 문신은 일탈적 정체성을 드러냄으로써 자기만족을 느끼게 하거나 심리적 불안감을 지워주는 장치가 될 수 있다. 그리고 그것은 자신들을 기성의 윤리 안으로 동일화하려는 힘들에 대한 불만을 토로하는 상징적 기호가 되기도 하는 것이다.

오늘날 문신자들은 이렇게 말하고 있다. '나는 새긴다. 고로 존재한다.' 데카르트가 들으면 웃을지도 모르겠지만 이 새로운 문신족들은 고통스러운, 아니 즐거운 새기기 패션을 통해 자신들의 존재에 대한 대화를 시도하고 있는 것이 아닐까?

편견을 넘어서

우리는 문신에 관한 부정적 이미지들에 포위되어 있다. 이런 이미지들은 우리에게 문신자에 대한 성급한 판단을 독촉한다. 그러나 이런 장면을 상정해 보자. 가슴을 키우고 콧대를 세우고 귀에 고리를 한 여성과 어깨에 문신을 하고 코에 피어싱을 한 다른 여성이 대화를 나누고 있는 장면. 지금 한국사회에서라면 귀고리를 한 여성은 코에 고리를 한 여성을 두고 비정상이라고 말할 가능성이 높다. 그리고 두 여성을 보는 우리들의 시선도 대부분 그러할 것이다.

그러나 다시 생각해보자. 두 여성 모두 신체를 장식하거나 변형시켰다는 점에서는 다를 바 없다. 그리고 이들의 신체 장식술과 변형술은 원시사회로부터 내려온 오래된 유산이다. 그러니 귀를 장식한 사람이 코를 장식한 사람을 보고 비정상이라고 말할 수 있는 근거는 없다. 나아가 문신하지 않은 사람이 문신한 사람을 이상한 인간이라고 규정할 수 있는 근거도 없다. 근거가 있다면 '다수=정상, 소수=비정상'이라는 아주 단순하고도 폭력적인 이원론이다. 그러나 이제 우리는 이 이원론을 벗어날 때가 되었다.

지금 우리에게 요청되는 것은 평등안(平等眼)이다. 대상에 대한 편견이 전제되면 우리의 시각은 불평등해진다. 인간이 자연에 대해 우월하다고 생각했기 때문에 자연은 통제와 정복의 대상이 되었고, 그 편견이 인류에게 초래한 위기를 이즈음 우리는 뼈저리게 경험하고 있다. 소수적인 것에 대한 편견 역시 마찬가지이다.

우리 사회에는 우리들 대부분이 뭔가 '비정상적'이라고 인식하는 소수적인 현상들이 있다. 장애인, 동성애자, 노숙자, 정신병자, 외국인 노동자, 걸인 등등. 이들 안에 문신자도 포함되어 있다. 이들을 비정상인이라고, 그래서 열등하다고 전제하면 우리는 이들을 모두 사회에서 격리시켜야 한다는 결론에 이를 수밖에 없다. '그렇게 하지 뭐'라고 하면 간단하겠지만 우리가 격리에 동의하는 순간 문화적 종(種) 다양성은 사라지고, 우리의 인간관계는 폐허를 경험할 수밖에 없다. 그리고 그 폐허 위를 떠다니며 우리를 감시하는 부당한 권력을 용인하게 된다.

문신자들을 옹호하고 문신을 찬양하자는 말이 아니다. 성급한 판단은 잠시 유보하고 평등한 시선으로 그들과 그들의 행위를 볼 때 우리는 그 안에서 지금까지와는 '다른' 의미를 발견할 수 있다는 말이다. 그리고 아마도 그 발견은 우리를 세계에 대한 다양한 경험과 우리들 자신에 대한 좀더 깊은 이해의 자리로 인도할 것이다. 그것이 오랜 문신의 역사가 오늘 우리에게 전하는 메시지이다.

참고문헌

조현설, 「동아시아 문신의 유래와 그 변이에 관한 시론」, 『한국 민속학』 35호, 한국민속학회, 2002. 6.

Hambly, W. D., *The History of Tattooing and its Significance,* London : Witherby, 1925.

Gilbert, Steve, *Tattoo History : A Source Book*, New York : Juno Books, 2000.

高山純, 『繩文人の入墨』, 東京 : 講談社, 1969.

吉岡郁夫, 『いれずみ(文身)の人類學』, 東京 : 雄山閣出版, 1996.

徐一靑·張鶴仙, 『信念的活史:文身世界』, 成都 : 四川人民出版社, 1988.

戴平, 『中國民族服飾文化研究』, 上海人民出版社, 1994.

문신의 역사

펴낸날   초판 1쇄 2003년 8월 15일
         초판 3쇄 2010년 5월 25일

지은이   조현설
펴낸이   심만수
펴낸곳   (주)살림출판사
출판등록 1989년 11월 1일 제9-210호

경기도 파주시 교하읍 문발리 파주출판도시 522-1
전화 031)955-1350   팩스 031)955-1355
기획 · 편집 031)955-1395
http://www.sallimbooks.com
book@sallimbooks.com

ISBN   978-89-522-0117-1   04380